Claus Eurich

Spiritualität und Ethik

Edition Orientierung
Herausgegeben von
Dr. Norbert Copray M. A.

Claus Eurich

Spiritualität und Ethik

Auf dem Weg zu einem Ethos des Einsseins

Kreuz

Für Hanja

Inhalt

Erster Teil

Ethik, Moral, Spiritualität

Die Geschichte einer
spannungsreichen Beziehung

1 Begriffsklärungen und Herkünfte

1.1 Ethos/Ethik

Ethos stammt aus dem griechischen Sprach- und Kulturraum. Aus den beiden Ethos-Begriffen im Griechischen lässt sich ein allgemeines Verständnis ableiten, das Aufenthaltsort, gewohnte Umgebung, Gewohnheit, Brauch, Herkommen und Charakter meint. Im engeren und übertragenen Sinn spricht man von Ethos als den sittlichen Grundhaltungen einer Person und/oder eines Kollektivs von Menschen bzw. Menschengruppen. Das Ethos ist anerkannt und von bleibender Bedeutung. Es spricht von der Gutheit des Handelns.

Ethik ist seit Aristoteles (384/383–322 v. Chr.) eine philosophische Disziplin. Sie spürt dem richtigen menschlichen Handeln nach, prüft, reflektiert und begründet Werthaltungen. Sie bewertet die Verhältnisse, unter denen Menschen leben und handeln, und entwirft Lehren vom guten Leben und Handeln. Ethos und Ethik sind präskriptiv, vorschreibend. Sie sprechen mehr vom Sollen als vom Sein an sich.

Die westlich-abendländische Ethik als Theorie des rechten Lebenswandels gründet auf der Verantwortung eines freien Ich gegenüber dem Du einer Person und/oder einer Gemeinschaft von Menschen. Seine innere Instanz ist das Gewissen, eine Art Über-Ich als innere Richt- und Bewertungsinstanz. Dieses Über-Ich kann, muss aber nicht religiös/transzendent gesehen werden. Es führt in das Ja oder Nein, bezogen auf die dem Menschen im Hier und Jetzt möglichen Verhaltensweisen. Es ist das Fundament und der Motor der Charakterbildung.

Jedes Ethos und jede allgemeine Ethik bergen in sich einen überzeitlichen, unteilbaren und über sie hinausweisenden Kern. Er erlangt und trägt seine Bedeutung aus sich selbst heraus. Gleichwohl stehen Ethos und vor allem Ethik in der Zeit und für alle Zeit, orientieren sie sich im Raum, sind also in raumzeitliche, historische Koordinaten eingebunden. Sie geben auf allgemeine, aus ihnen selbst stammende Grundfragen des Seins Antworten *in* der Geschichte und *für* geschichtliche Personen und Gemeinschaften.

Mit der fortschreitenden systemischen und funktionalen Ausdifferenzierung von Kulturen, Staaten und Lebenswelten ging und geht eine Ausdifferenzierung auch des Ethischen einher. So existieren heute Ethiken für nahezu alle menschlichen Handlungsfelder. »Wirtschaftsethik«, »Medienethik«, »Umweltethik« und »Bioethik« mögen dies exemplarisch verdeutlichen. Sie stehen zugleich für eine Entgrenzung der Ethik über die personale Zuständigkeit und den rein biographischen Bezug hinaus und weisen auf die Erfordernisse von strukturellen bzw. Systemethiken hin. Deren Bedeutung steigt mit den eigendynamischen, entpersonalisierten Strukturen von, vor allem, großtechnischen Systemen.

Das Risiko einer begrifflichen Unschärfe eingehend, werde ich im Folgenden Ethos und Ethik synonym sehen und überwiegend von Ethik sprechen. Das Ethos kann dann in der Ethik als integriert und aufgehoben angesehen werden.

1.2 Moral

Mit dem griechischen Wort *ethos* korrespondiert das lateinische *mos/mores,* Ursprung des deutschen Wortes Moral. Ursprünglich Wille, Absicht, aber auch Sitten meinend, verstehen wir darunter heute das Ensemble von Regeln, Vorschriften, Normen, Haltungen und Verhaltensweisen im Bezug des einzelnen Menschen zu seiner sozialen/gesellschaftlichen Um- und Mitwelt. Moral regelt die Interaktionen zwischen Personen, Institutionen, Gemeinschaften auf allen Ebenen, selbst Staaten, und bestimmt das Verhältnis des Einzelnen zu jeweils diesen. Verglichen mit dem Ethos bezieht sich Moral mehr auf das konkrete, praktische Verhalten. Sie begründet nicht, man lebt sie. Ihre Gesetzlichkeit verweigert sich diskursiven Spielräumen.

Die Moral soll einem Gemeinschaftsgefüge und dessen Selbstverständnis Stabilität sichern. Ihre Notwendigkeit steht in Relation zu dem Grad der Geschlossenheit jener Selbstverständnisse und damit der Wahrscheinlichkeit ihrer Durchbrechung.

Das Recht ist die normative Fixierung ausgewählter moralischer Vorstellungen und Werte. Während es auf den verschiedenen Ebenen der Organisation menschlichen Lebens voneinander abweichende moralische Verständnisse und Orientierungen geben kann, gilt Recht systemübergreifend. (vgl. Horster 1999, S. 427–573)

Auch die Moral ist, wohl noch mehr als die Ethik, ein Kind ihrer Zeit, geprägt von den innerzeitlichen und innerweltlichen Strukturen, von dem Scheitern ethischer Ideale am und im So-Sein der Welt. Die Moral und die aus ihr abgeleiteten Normen stehen in untrennbarer Wechselwirkung mit dem historischen Wandel. Schließlich: Je mehr Offenheit soziale und gesellschaftliche Kollektive zulassen, desto fließender werden die moralischen und normativen Grenzziehungen.

Moral reduziert die Vielseitigkeit und Vielschichtigkeit des Lebens und Zusammenlebens auf einfache Ge- und Verbote. Sie reduziert damit die möglichen Handlungen und Verhaltensweisen. Freiheit im Bannkreis des Moralischen ist die Freiheit einer Lokomotive im Schienennetz.

Als normative Instanz gibt die Moral menschlichen Beziehungsgerüsten eine gewisse Sicherheit. Sie baut sich gegen die Unerträglichkeit auf, die entstünde, wenn Interaktionen und Handlungen des anderen gänzlich unberechenbar wären. Damit wird die Moral jedoch immer zur Hüterin des Konventionellen und zur Verbündeten des Konservativismus und der Anpassung. In dieser Funktion steht sie dem freien, selbst verantworteten und im überzeitlichen Ethos sich bewegenden Menschen fremd gegenüber. Er bedarf ihrer nicht, und er wird sie brechen, wo er seine Fähigkeit zu leben, zu versöhnen und sich entsprechend zu entwickeln eingeschränkt sieht.

1.3 Spiritualität

Die lateinischen Begriffe *spiritualis,* geistlich, und *spiritus,* Geist, bilden den Ursprung von *Spiritualität.* Aus der Vielzahl der Verständnisse und Definitionen, gerade in der jüngeren Zeit, kann als Essenz formuliert werden: Leben im Geist und aus dem Geist. Die Spiritualität hat eine personale/subjektive und eine traditionale/religionsbezogene Seite; zwischen beiden besteht normalerweise ein enger Zusammenhang. Die Spiritualität eines Menschen spricht von seiner inneren Ergriffenheit, von seiner Berührung aus dem Geist-Raum des Transzendenten/Göttlichen. Der spirituelle Mensch sieht sich als vom Geist geführt und inspiriert. Er lässt das Göttliche in sich wirken und er lässt es sich entfalten und zum Ausdruck bringen – auch in äußere Formen des Körperlichen, des Kultischen und Rituellen hinein. Wahre Spiritualität kommt und wächst aus den tiefsten Gründen der Seele. Da ihr höchster Sinn und Wesensgrund die Erfahrung des Transzendenten und die Erfahrung des Einsseins als der wechselseitigen Durchdringung aller Seins- und aller Geistweisen ist, kann man, ja muss man sie verstehen als Schule und Praxis der Achtsamkeit und Gegenwärtigkeit. Die Spiritualität in ihrer Vollgestalt betrifft alle Lebensbereiche. Im Letzten hebt sie jegliche Trennung von Außen und Innen, Aktion und *Kontemplation*, Politik und *Mystik* auf.

Auch Spiritualität steht, bei aller personalen Unterschiedlichkeit, in einem historischen Kontext. Sie bezieht sich ausgesprochen und unausgesprochen auf eine geschichtliche Situation und die in ihr hervorgebrachten bzw. zur Entfaltung kommenden Traditionen. Traditionen und die dazu gehörenden geistigen *Felder* bilden die Koordinaten, innerhalb derer bzw. über die hinaus das je Subjektive wächst und Gestalt annimmt. Für manche Traditionen, wie das Christentum, ist das Subjektive dabei explizit und implizit auf Gemeinschaft verwiesen – die Gemeinschaft von Menschen und die Gemeinschaft des Menschen mit Gott.

Spiritualität – und hier kann der Begriff durchaus als abweichend zu dem der Frömmigkeit gesehen werden – birgt in sich neben Ganzheitlichkeit immer auch eine gewisse Radikalität, die sich Kalkulierbarkeit und jeglicher Form von Unterwürfigkeit entzieht. Sie verändert den freien Menschen zur neuen Praxis und überwindet dabei, was den Geist beschneiden oder in Formen und Formeln pressen will.

1.4 Zur Beziehung von Ethik, Moral und Spiritualität

Wir können es nicht oft genug betonen: Leben, im großen, erdgeschichtlichen Horizont wie in dem einer Person, entfaltet sich als Prozess und damit als Wandel. Sein ist Werden, was und wohin auch immer. Insofern erfährt alles seine geschichtliche Prägung. Es gibt kein ungeschichtliches Sein, keine geschichtslose Ethik, Moral und Spiritualität. Erst aus der Beobachtung ihrer Geschichtlichkeit heraus werden sie verständlich und in ihrer jeweiligen Selbstverständlichkeit nachvollziehbar. Der Blick in die zeitgeschichtlichen Situationen lässt uns unmissverständlich die kulturellen Begrenztheiten und damit die letztlich unüberwindbaren Widersprüchlichkeiten menschlicher Orientierungen und Entscheidungen anerkennen, zumindest solange wir nicht umhin können, das Menschengeschlecht an sich als ethisch und moralisch defizitär anzunehmen, wenn auch, für sich betrachtet, durchaus mit dynamischen Abstufungen in jede Richtung.

Gerade unsere Grenzen machen die wichtigsten ethischen Einsichten und moralischen Orientierungen zu einem Lebenselixier wie die tägliche Nahrung. Doch auch hier gilt: Der Mensch ist, was er isst bzw. vorgesetzt bekommt, verdorbene, belastete oder vergiftete Speisen nicht ausgeschlossen.

Die Krise des Ethischen und des auf sie bezogenen Moralischen in der Neuzeit hat drei wesentliche Ursachen: die Entwertung und den Zerfall der alten Religionen, das Erstarken des Individualismus sowie die Industrialisierung und Technisierung der Welt. Keine dieser Ursachen steht für sich allein; alle sind wechselseitig ursächlich miteinander verbunden.

Die Schwächung der Verbindlichkeit überkommener religiöser Werthorizonte setzte Ethik in den Rechtfertigungsdruck, sich empirisch begründen zu müssen. Nun wurde sie vom Menschen und seinen Schwächen her gedacht und herausgelöst aus dem Bewusstsein überzeitlicher Geltung. Und es begann die Differenzierung, Disziplinierung und Verwissenschaftlichung der Ethik. Dem Ethos des Menschlichen in seiner Verwiesenheit auf das Göttliche widerfuhr die Parzellierung in Ethiken für verschiedene Anwendungsfelder in einer komplexen und differenzierter werdenden Gesellschaftsstruktur.

Einher mit dieser Entwicklung ging die schrittweise Herauslösung des Individuums aus dem Gemeinschaftlichen, der subjektive Zwang zur Suche nach eigener Stilisierung in allen Lebensbereichen und damit die Privatisierung des Ethischen. Die Privatisierung erscheint in der Gegenwart selbst als ethisches Problem. Gleichwohl ist es, historisch betrachtet, nicht unbekannt. Anders allerdings mag heute sein, dass die Grundorientierungen fehlen, die sich dieser Entwicklung erfolgreich entgegenstellen. Das Gravitationsfeld allgemeiner verbindlicher Bedeutungen hat seine Kraft verloren. Geblieben sind die Beschäftigung mit moralischen Dilemmata auf zwischenmenschlicher Ebene und eine entsprechende Wahrnehmungsbeschränkung. Bedrohung und Unheil verkündende Zeichen, die das Ganze des Seins betreffen, werden demgegenüber kaum noch wahrgenommen, geschweige denn in ethischem, ja spirituellem Kontext gesehen.

Der Anteil, den Technisierung und Industrialisierung an diesem Prozess tragen, kann nicht hoch genug veranschlagt werden. Das Expandieren der Natur- und Ingenieurwissenschaften zu einer gleichsam dogmatischen Religion tat ein Übriges. Das als machbar erkannte und Machbare wurde zum Maßstab auch des Sollens, wofür in herausragender Weise die herrschenden Technikethiken stehen. Ihre Herauslösung aus monostrukturellen Begründungen, die Anbindung und Einbindung in eine offene und öffentliche Diskursstruktur und damit in den Kontext des kulturellen und gesellschaftlichen Gesamt sind als Zwischenschritte zu einer Revitalisierung des Ethischen dringlich. Es muss sich zeigen, welche Orientierungshilfen dabei die religiösen Basistexte bieten können, wenn begonnen wird, sie in der Zeit neu zu verstehen und neu zu interpretieren. Es sollte jedoch eines klar sein: Ohne spirituelle Tiefe entsteht kein neues, integrales Ethos. Aus dem spirituellen Raum kommen die Maßstäbe, die sich nicht in der Zeitgebundenheit erschöpfen. Die Hierarchie also lautet: Spiritualität, Ethik, Moral.

Es verwundert in diesem Zusammenhang nicht, dass als spirituell sich verstehende Orientierungen im letzten Drittel des 20. Jahrhunderts wieder an Bedeutung zugenommen haben und sowohl die allgemeine als auch die speziellen Ethikdebatten beeinflussten, ja teilweise prägten. Dass der spirituelle Boom in den 80er und 90er Jahren dabei immer wieder das Verständnis von Spiritualität verwässerte, ja der Beliebigkeit anheim gab und auch zu problematischen Fehlentwicklungen führte, sollte allerdings mitgesehen werden. (vgl. Copray 1999)

Wahre Spiritualität befreit und heilt den Menschen. Sie fördert sein Wachsen und Werden zu dem wesenhaften Selbst. In ihr oder mit ihr wirkt das Göttliche – auf welche Weise auch immer. Die spirituelle Verwurzelung des Menschen schenkt ihm Selbstbestimmung und die Loslösung von fremden Mächten – auch denen, die sich als Moral verkleiden. Das wahre Ethos ist ein Kind der Spiritualität. Aus dieser Ursprungskraft heraus vermag es die Herrschaft des Faktischen zu durchbrechen, zumindest aber zu unterbrechen. In dieser Verbindung werden ethische

Werte autonom aus sich heraus und ragen hin zu der Vollkommenheit, aus der sie stammen. Die spirituell rückgebundene Ethik führt die Menschen unaufdringlich immer wieder in spirituelle Dimensionen, stellt sie ins Verhältnis, das sie sich selber allein doch nicht sein können. Das Begrenzte vermag sich nur in Blindheit oder in der Hybris als sein eigentlicher und zugleich letzter Maßstab zu sehen.

Von der spirituellen Durchwirkung der Ethik profitiert auch die Moral. Sie weiß, dass sie allein aus sich heraus und bei sich selbst bleibend scheitern muss. Ohne spirituelle Tiefe kann sie den Menschen nicht einschätzen, ja verliert sie ihn; ist sie doch dann beliebig instrumentalisierbar. Vor allem aber fehlt ihr das Wesentliche: die Liebe.

Aus dem spirituell sich begründenden Ethos kommende Moral vermag, solange wir dieses menschheitsgeschichtlich noch bedürfen, einen ethischen Lebenswandel zu ermöglichen – für mich und auf Gemeinschaft hin orientiert. Dass dabei die Schnittstelle zwischen Ethik und Moral immer konfliktanfällig bleibt, sei als selbstverständlich zugestanden. Dem können wir nur durch fortwährende Besinnung, durch Innehalten und durch die Erkenntnis- und Weisungskraft der Kontemplation begegnen.

2 Das Verhältnis von Ethik, Moral und Spiritualität in den Weltreligionen

2.1 Christentum

»Meister, diese Frau wurde beim Ehebruch auf frischer Tat ertappt. Moses hat uns im Gesetz vorgeschrieben, solche Frauen zu steinigen. Nun, was sagst du? ... Jesus aber bückte sich und schrieb mit dem Finger auf die Erde. Als sie hartnäckig weiterfragten, richtete er sich auf und sagte zu ihnen: Wer von euch ohne Sünde ist, werfe als Erster einen Stein auf sie ... Als sie seine Antwort gehört hatten, ging einer nach dem anderen fort, zuerst die Ältesten.« (Johannes 8,4–9)

Der Mann aus Nazareth, geistiger Inspirator dessen, was nach seinem gewaltsamen Tod begann sich zum Christentum zu entwickeln, durchbrach an einer entscheidenden Stelle das herrschende religiöse Verständnis des jüdischen Kulturraumes. Vor jede Lehre, vor jede Ethik und schon gar vor jede Moral setzte er die Liebe und lebte sie. Barmherzigkeit beschämte Opferdienste und Rituale, verständnisvolle und heilende Gesten überdeckten den erhobenen Zeigefinger. Eine neue positive Macht und Souveränität war aus der Zartheit und dem Sanftmut der Menschenliebe entstanden. Die Worte Jesu mögen ähnlich geklungen haben wie die seiner Väter, aber er erfüllte sie mit neuem Leben. Er missachtete die alten Gesetze nicht, aber durchbrach sie ohne Zögern, wo sie in der Alltagspraxis der Liebe und dem Leben entgegenstanden. Er löste die Demarkationslinien zwischen heilig und profan auf und auch die zwischen *Transzendenz* und Immanenz, indem er beide wechselseitig verbunden sah und verkündete. Dass es dabei allerdings nicht blieb, wird gelegentlich gerne übersehen. Denn der Primat der Liebe, der Barmherzigkeit und der Heilung fordert. Er konfrontiert mit Ansprüchen, die das Leben ausspricht und die ungleich mehr abverlangen als den starren Blick auf blutleere Regeln und Gesetzesbuchstaben. Vielleicht kann man sagen: Die Ethik Jesu ist eine der Situation. In der Anforderung der Situation verbinden sich gnadenhaft Erkennen und Empfinden, überzeitliche Wahrheit und Empathie. Und immer scheint in dieser Synthese das Licht des Göttlichen durch. Das Menschengeschlecht hat Ahnung erhalten von der Tiefe eines neuen Kosmos, der sich hinter eingestürzten Mauern fesselnder Vorschriften und verhärteter Regelwerke erstreckt.

Dem Hauch von Liebe und Freiheit, von Radikalität und Sanftmut folgten Kirche, Lehre, Theologie. Was sich doch allein im Leben selbst bewähren kann, erhielt Form, Regelwerke, Rituale. Das Überzeitliche fand sich in Sichtweisen und Strukturen des Zeitlichen wieder. Vor dem Entgrenzten baute sich der enge Möglichkeitshorizont des Begrenzten auf.

Gewiss: Nachfolge Jesu, Nächstenliebe und Arbeit am Reich Gottes schon jetzt blieben Schlüsselbegriffe im großen Kompendium der christlichen Religion, doch in den Vordergrund der religiösen Lebenspraxis spielten sich Ordnung, Gehorsam und eine neue Gesetzesfrömmigkeit. Gleichwohl – den revolutionären Samen des Christus konnten sie zwar immer wieder zuschütten, doch ihm nie die Kraft nehmen, Neuem zum Durchbruch zu verhelfen – so wie damals, vor 2000 Jahren.

Gesetz, Erbschuld und Gewissen

Durchaus unabhängig von Leben und Lehre Jesu hat das mosaische Gesetz im Christentum eine Schlüsselrolle behalten. Der *Dekalog* (vgl. Exodus 20, 1–17; Deuteronomium 5, 6–21; Markus 10, 17–27; Römer 13, 8–10) richtete sich ursprünglich an den erwachsenen, freien israelischen Bürger. Als Grundtext der Bundesurkunde zwischen Jahwe und seinem Volk wirkte er identitätsstiftend für das aus der ägyptischen Sklaverei befreite Israel. Er beendete die Vielgötterei zugunsten von Jahwe, dem Befreier. Er stellte zugleich eine Reaktion auf verschiedene soziale Probleme dar und hatte eine entscheidende Funktion in der Absicherung des neu gewonnenen Besitzes an Land, Menschen, Häusern und Vieh.

Von Jesus wurde das Zehntgebot nicht aufgehoben. Und so wurde es, christlich interpretiert, zur Vorschrift auch für die christliche Gemeinde. Es bildete den Rahmen für sittliche Begründungskontexte und wurde/wird trotz seines geschichtlichen Ursprungs gesehen als gleichsam natürliches Recht außerhalb der Notwendigkeit zur Legitimation in der Zeit. Ausnahmen von der Gültigkeit des Dekalogs kommen nur Gott selber zu. Das Höchste kann ethische Verpflichtungen zugunsten eines noch höheren Wertes aufheben. Diese »teleologische Suspension des Ethischen« (Buber 1994, S. 119) lag etwa in dem Befehl Jahwes an Abraham vor, seinen Sohn zu töten, um dadurch seinen Glauben und seine Treue zu beweisen.

Die Zehn Gebote formulieren in der Unerbittlichkeit des »Du sollst nicht …« eine Moral negativer Begründung. Das machte sie, in der Erweiterung durch zugeordnete Sünden, zu einem überaus brauchbaren Instrument für die Institution der Beichte. (vgl. Bockmühl 1999, S. 16 ff.) Die Reformation änderte substanziell nichts an der zentralen Stellung des Dekalogs. Im Gegenteil: Martin Luther (1483–

1546) interpretierte ihn als den Herzpunkt der christlichen Ethik und den Hoffnungshorizont neutestamentlicher Erwartungen. Und auch Johannes Calvin (1509–1564) sah in ihm das perfekte Regelwerk der Gerechtigkeit, das vor dem Evangelium kommt. Im Protestantismus wurden die Zehn Gebote zur christlichen Ethik schlechthin.

Der Dekalog steht also für ein negatives Abwehrrecht. Er setzt die Verfehlungen des Menschen voraus und errichtet einen Schutzwall vor ihnen. Christen fanden und finden daneben in der *Bergpredigt* die positive Spiegelung. Sie relativiert ein Sich-im-Recht-Fühlen allein durch die Gewährleistung eines Nicht-Verhaltens. Sie konfrontiert mit der Frage danach, was der Mensch dazu beiträgt, Frieden, Gerechtigkeit und Liebe auf der Erde zu verwirklichen. Beide jedoch, die Basis des alten und die Basis des neuen Bundes, bestehen in der Zeit, sind in ihrer Gewordenheit aus ihr heraus zu verstehen und in ihr immer wieder neu zu interpretieren und in Lebenspraxis umzusetzen. Dieses Ringen begleitet in den jeweiligen spezifischen Anforderungen geschichtlicher Situationen die Christenheit bis heute.

Die Abwehrgebote des Dekalogs und das in ihnen fixierte negative Menschenbild finden Unterstützung in der Vorstellung von der *Erbschuld/Erbsünde* (Genesis 3). Seit jeher war und ist diese Lehre umstritten, zugleich doch äußerst prägend, was die Beziehung des Christlichen zu Ethik und Moral betrifft. Dass der Mensch seit dem so genannten Sündenfall nicht anders kann, als zu fehlen, er einen fatalen Hang zum Sündigen hat, konnte dafür herhalten, letztlich alles zu erklären und zu entschuldigen. Dieser extremen Sicht hing etwa der Kirchenvater Aurelius Augustinus (354–430) an, der sie in scharfer Abgrenzung zu seinem Zeitgenossen Pelagius (um 384 – um 422) formulierte. Für Pelagius nahm die Erbschuld-Lehre den

Menschen in seiner Freiheit, Würde und Verantwortung nicht ernst, ja sie widersprach nach ihm der Einsicht, dass der Schöpfer selbst den Menschen nach seinem Bild und Gleichnis (Genesis 1,26) geschaffen hatte. Seit einem Urteil von Papst Innozenz I. (402–417) im Jahr 417 ist die Lehre von Ursünde und Erbschuld Kirchenlehre. Eine theologisch gemäßigte Variante sieht in ihr die immer währende Herausforderung, sich im Glauben zu bewähren und Versuchungen zu widerstehen.

Erbsünde, der Dekalog sowie die aus ihm abgeleiteten bzw. ihm zugeordneten Sündenregister führen in die Polarität von gut und böse. Diese kann nur gedacht werden von der Vorstellung her, dass es eine Vollkommenheit der Ordnung und der Schöpfung an sich gebe. Das Böse ist dann die Abwesenheit des Guten, und der metaphysische Grund des durch den Menschen in die Welt gesetzten Bösen sein freier Wille. Der freie Wille kann mit der vollkommenen Weltordnung übereinstimmen, er kann sie aber auch durchbrechen, indem er der Sünde verfällt: Aus Neigung, aus Versagen der natürlichen Tugendkraft, aus der Haltung der *Acedia*, die allem überdrüssig wird, was die Gebote und die Vorstellung von der Gotteskindschaft einfordern. Dem Christen, der dem Fall in die Sünde und die Schuld entkommen will, steht die Tugend der Discretio zur Seite; sie macht ihn fähig, zwischen wahr und falsch sowie gut und böse zu unterscheiden; und sie führt ihn zum Maß, einer der vier *Kardinaltugenden*, die den Menschen in der Weisheit des Lebens hält und in der Angemessenheit seiner Wünsche, seiner Erwartungen, seines Handelns und Sich-Verhaltens. Unterstützt wird er dabei von seinem Gewissen, das ihn zu einer persönlichen, eigenständigen und angemessenen sittlichen Urteilsfähigkeit führen kann. Als innere Instanz erwächst das Gewissen aus dem dialogischen Bezug des Menschen zu seinem Schöpfer.

Liebe, Gerechtigkeit und Tapferkeit
Auch wenn die negative Abgrenzungsethik des Dekalogs und die Erbsündenlehre bis dato Einfluss behielten – die eigentliche christliche Ethik beginnt mit den Leitsätzen der Bergpredigt. Die Seligpreisungen (vgl. Matthäus 5,3–11/20) formulieren eine integrale Liebes- und Lebensethik: Die Fähigkeit und Bereitschaft loszulassen, was Menschen anhaften lässt; die Fähigkeit und Bereitschaft, mitzuempfinden und Barmherzigkeit zu üben; die Fähigkeit und Bereitschaft zu trauern; die Bereitschaft, gewaltlos zu leben und Frieden zu stiften; der unbedingte Einsatz für die große Vision der Gerechtigkeit; Leben und Handeln mit einem reinen Herzen. Hier fällt das Starren auf die so genannten Sünder, und es erhebt sich der hoffnungsvolle und ermutigende Blick auf das reiche und positive Potenzial des Menschen. Es entsteht gleichsam das Ideal menschlicher Vollkommenheit, indem das Gezogensein von den niederen Kräften überwunden wird. Von den Kirchenvätern Origenes (185–254), Ambrosius (339–397) und Augustinus wird dieses Ideal ausgesprochen und geht eine Symbiose mit dem griechischen Denken ein, was sich vor allem in der Formulierung der vier Kardinaltugenden Gerechtigkeit, Klugheit, Tapferkeit und Besonnenheit/Geduld durch Ambrosius ausdrückt.

Die Liebe im Herzpunkt der christlichen Ethik ordnet ihr alles Weitere zu. Erfüllung des Gesetzes aus Liebe statt Befolgung von Regeln aus Angst, so könnte man den Bezug der neuen Ethik zum alten Gesetzesdenken formulieren. In der Liebe vollendet sich jeder Wille Gottes, oder wie Augustinus sagte: Liebe – und dann tu, was du willst.

Welche Liebe? Die Liebe zu Gott, die Liebe zum Nächsten, die Liebe zu mir selbst – und in finaler Form die Liebe zum Feind, der, wenn er geliebt wird, kein Feind mehr ist.

Aus der Liebe folgt die Gerechtigkeit, die in ihrer Unbedingtheit des jesuanischen Vorbilds zur neuen Heiligkeit wird. Gerechtigkeit aus Liebe hebt Gerechtigkeit als Recht des Stärkeren auf. Sie ist aus der absoluten Autorität der Gottesliebe heraus stärkeres Recht. Die Verwirklichung der Gerechtigkeit bedarf der Hilfe durch die Tapferkeit. Mit ihr legt der Mensch aus Liebe sein Lebenszeugnis ab, überwindet Zögern und Kleinmut. Der Geist der Liebe schenkt Vertrauen in die letztendliche Ermöglichung des Guten. Doch Tapferkeit setzt Verwundbarkeit voraus (vgl. Pieper 1934, S. 27–37), wie die unterschiedlichen Stationen des Lebens Jesu zeigen. Sie hat ihren Preis, der im Einsatz des Lebens besteht – was immer das heißen mag.

Diese, die Liebesethik, die einzige und wahre Ethik, die den Namen christlich verdient, lässt sich nicht gebieten. Sie kann nur geboren werden und wachsen in Freiheit, Wachheit, Achtsamkeit und dem Hören auf die Wegweisungen der inneren Stimme. Sie ist der ethische Lotse, in ihr berühren sich Immanenz und transzendente Verwiesenheit. Es bedarf keiner weiteren Erwähnung, dass solche Ethik immer auch leidenschaftliche Seiten hat und etwas grundlegend anderes meint als bürgerliche Bravheit, Lauheit und Unverbindlichkeit. Sie braucht den ganzen Menschen in der Vielfalt seiner Gaben und dem Annehmen seiner Berufung. Solches ethisches Empfinden lässt sich nicht instrumentalisieren und herrschaftlich missbrauchen, wie dies mittels der herrschenden Morallehren und Moralvorstellungen immer wieder gelingt. Liebe, Gerechtigkeit und Tapferkeit bedürfen keiner weiteren Regulierung und keiner kasuistischen Listigkeit.

Die christliche Liebesethik hat eine natürliche Beziehung zur Spiritualität. Da die Liebe sich im Ausgangspunkt und im Zielpunkt auf Gott gerichtet sieht, wird das Göttliche zum wesentlichen Impuls – in beide Richtungen. Die Vermittlung geschieht durch den Geist. Er führt den Menschen im Vollzug seines Glaubens und seiner Bindung an Christus. Die Spiritualität, die geistgerichteten Äußerungsformen der Liebe und des Glaubens, durchdringt im Idealfall das ganze Leben und den ganzen Alltag. Entweder sie ist oder sie ist nicht. Heilig und profan haben ausgedient. Jede Zeit ist besondere Zeit, die Lebensgestaltung an sich ein fortwährendes »Gebet«. Spiritualität und Ethik – sie können, ja dürfen im christlichen Verständnis nicht getrennt werden. Auch das zeigt das Leben Jesu in Vollendung.

Innerer und äußerer Weg

Im christlichen Selbstverständnis geschieht die Menschwerdung aus dem Geist und erfüllt sich in der Lebenspraxis. Der Geist und die spirituelle Haltung der Offenheit, Achtsamkeit und der Empfänglichkeit führen in einen Prozess, der sich der Kalkulierbarkeit entzieht. Innere Erfahrungsgewissheit vermag jederzeit äußeres Handeln, definierte Werte und alle Weisen von Buchstabenfrömmigkeit in Frage zu stellen. Vor dem Einbruch des Göttlichen in die menschliche Existenz hat nichts Bestand, was nicht selbst dem Göttlichen entstammt. Das ewige Wort offenbart sich im Inneren des empfänglichen Menschen und zeigt die Präsenz des Gottesreiches als unmittelbar. Darauf weist in unvergleichbarer Dichte das apokryphe *Thomas-Evangelium* hin, das als spirituelle Ergänzung zum Ethos der Bergpredigt gelesen werden kann. Die aus dem Geist sich offenbarende Wahrheit des Ethos führt in eine instinktive Sicherheit, was die Richtigkeit und Angemessenheit des sittlichen Handelns betrifft. Sie lenkt das ansonsten leicht ichbezogene Denken, Fühlen, Wollen und Tun. Sie führt vom Fürwahrhalten zum Verwirklichen.

Der sich als Christ verstehende Mensch muss einen Eigenbeitrag erbringen für seine Verbundenheit mit dem göttlichen Geist. Sein freier Wille ist gefordert als erste Voraussetzung zu seiner Verwirklichung. Beharrlichkeit im Glauben und Geduld treten hinzu und die Hoffnung, die ihn im Schwebezustand zwischen Schon-jetzt und Noch-nicht hält. Der freie Wille, Beharrlichkeit, Geduld und Hoffnung heben den Menschen über sich selbst hinaus. Doch erst die Gnade macht ihn vollkommen. Karl Rahner: »Der christliche Mensch … weiß sich immer umfangen von der Gnade Gottes … er ist immer der, der sich selbst nicht vor Gott aufrechnet, sondern alle Rechnungen, alle sittliche Anstrengung, alle sittliche Prüfung, die ihm aufgegeben sind, selbstverständlich … Gott und seiner Gnade anheim gibt.« (Rahner 1984, S. 396) Die Bereitschaft, sich der Gnade Gottes auszusetzen, ist eins mit der Haltung der Demut. Sie kann im Horizont des Christlichen als die Haltung des Menschen gegenüber der Unmittelbarkeit des Göttlichen angesehen werden.

Der freie Wille, Glaube, Geduld, Hoffnung und Demut entstehen jedoch nicht von selbst. Ihr Ursprung liegt im Land der Erkenntnis, der Einsicht, des Verstandes. Nicht von ungefähr hat Thomas von Aquin (1225–1274) die Klugheit als Kind des göttlichen Geistes an die Spitze der Kardinaltugenden gesetzt. Sie ermöglicht die Unterscheidung der Geister, warnt vor falschen Stimmen, die verführen wollen. Keine Sittlichkeit ohne Einsicht, kein lebendes Ethos ohne die fließende Quelle der Weisheit. In der Einsicht und im Denken beginnt die Gerechtigkeit. Hier entstehen sittliche Urteilskraft und das Erkennen der lebensgeschichtlich herausragenden Momente.

Es macht das Besondere der christlichen Religion aus, dass sie zwar die Bedeutung Christi darin sieht, die Beziehung des einzelnen Menschen zu Gott in Gestalt zu bringen. Gleichwohl ist sie in der Verwirklichung des Ethos und dem Vollzug der Spiritualität auf Gemeinschaft und das Gemeinwesen verwiesen. Hier entsteht der Rahmen für persönliche Entscheidungen. Das ist die Frucht der ersten urchristlichen Gemeinden – den Einzelnen auf die Gemeinschaft und die Gemeinschaft auf den Einzelnen bezogen zu sehen. Gemeinschaft – das meint Kirche. Sie erscheint als der Ausgangspunkt christlicher Spiritualität und christlicher Ethik. In ihrer Gemeinschaft steht dann auch Moral als gleichsam begründungslos gegeben und entsprechend in sich geschlossen. Es erscheint nicht überspitzt zu formulieren: Die Kirche hat keine Ethik, vielmehr steht sie in ihrem Selbstverständnis für das Ethos schlechthin. Es steht im Dienst der Gemeinschaft und erhält aus deren Überzeugungen und Gewissheiten ihre Prägung.

Freiheit und Entwicklung

Christliche Ethik und Spiritualität wurzeln in der Freiheit. Wie ein frischer Wind weht sie immer wieder durch die wechselnden Phasen der geschichtlichen Entwicklung. Und dies gilt sowohl kirchengeschichtlich/epochal wie auch biographisch. Die Freiheit Jesu steht als Ideal der aus der Grundfreiheit des Ja oder Nein zu Gott geborenen Gotteskindschaft. Diese Freiheit löst sich nicht von jeglicher Bindung, sie entscheidet sich vielmehr für eine bestimmte Bindung, nämlich die an das Reich Gottes und die der Fülle des Lebens. Eine Umkehr oder besser ein Aufbruch zu dieser Bindung sieht sich nicht als Selbstbeschränkung oder moralistische Verengung, sondern als das Versprechen des Lebens selbst. In dieses Versprechen kann die Freiheit den Menschen führen, gleichwohl ohne ihm die Macht einzuräumen, über seinen Umgang und sein Ziel letztendlich zu verfügen. Der Christ bleibt bei aller Freiheit ein Verfügter – was die Zeit betrifft, in die er ohne Wahlmöglichkeit gestellt wurde, und auch bezogen auf die Zu-Neigung, die ihm, dem Suchenden, aus dem Raum des Göttlichen widerfährt.

Die Annahme und Wahrnehmung der Freiheit zielt auf das ganze Subjekt, auf den ganzen Menschen. Es geht nicht bloß um dieses oder jenes. In dieser Freiheit berühren sich Zeitliches und Ewiges, berührt sich, wozu der Mensch in seiner Bestimmung selbst gehört. Diese Freiheit also richtet aus und führt – auch wenn es paradox klingen mag – in die Unausweichlichkeit einer Grundentscheidung. Mit dieser Entscheidung hat der Christ über sich selbst entschieden, und etwas zu tun oder zu lassen folgt aus der Führung des Sterns, der nun den Horizont betreten hat. Die Wahl zwischen »entweder« und »oder« ist, so Sören Kierkegaard (1813–1855), unser Schicksal. Mit ihr erst tritt das Ethische in Erscheinung.

»Ich bin kein ethischer Rigorist, der für eine formale, abstrakte Freiheit begeistert ist; wenn die Wahl nun erst gesetzt ist, kehrt alles Ästhetische wieder, und Du wirst sehen: Hierdurch erst wird das Dasein schön, und erst auf diesem Wege kann es einem Menschen gelingen, seine Seele zu erretten und die ganze Welt zu gewinnen, die Welt zu gebrauchen, ohne sie zu missbrauchen.« (Kierkegaard 1964, S. 46)

Worauf aber beruht die Wahl, was führt zur Entscheidung, was gibt der Freiheit ihre Richtung?

Freiheit, die mehr ist als Beliebigkeit, gewinnt an Gestalt durch die Tiefe und Breite von Begründung, durch den Entwicklungsgrad der Vernunft. Das Handeln resultiert dann nicht bloß aus irgendwelchen Ursachen, sondern folgt Gründen und Begründungen und beugt sich als unabdingbar erkannten Notwendigkeiten. Die Entscheidungsfähigkeit des ganzen Menschen entsteht im Spannungsfeld von Freiheit, Vernunft und Notwendigkeit durch den Akt ihrer Synthese. (vgl. Mynarek 1967, S. 306–314) Und dies ist ein lebenslanger Auftrag. Bis zu seinem Tod lebt der Mensch, der sich selbst in Freiheit angenommen hat, im Zustand des Auf-dem-Weg-Seins, im status viatoris. (vgl. Pieper 1935, S. 13–23) Der status viatoris hält in der Spannung von Schon-jetzt und Noch-nicht, hält in der Anforderung zu wachsen und zu werden. Wohin? ... Zur Überwindung der Ich-Verfangenheit, zum Heraustreten aus der Sinnlosigkeit einer gottfernen Welt, zur Überwindung der Blickbegrenzung, die vor allen irdischen Werten das Wahre und Ewige nicht mehr sieht, zur Vollendung in der Schau Gottes.

Christliche Ethik und christliche Spiritualität erhalten ihre Wesenstiefe vor dem immer mit zu bedenkenden Entwicklungsauftrag des Menschen – als Person und als Gattung. Und beide erscheinen als einzigartig: das Individuum und die Menschheit an sich. Und sie sind auserwählt, der in Christus inkarnierten Wesenheit Gottes zu folgen bzw. sich in ihr und mit ihr zu verwirklichen.

Doch dieser Glanz der christlichen Religion wirft zugleich auch einen Schatten. Neben dem Menschen als Herz- und Zielpunkt der Schöpfung und damit auch der Ethik bleibt, zumindest in der herrschenden Lehre und den vorherrschenden Traditionen, kaum Platz für anderes Leben, ja gerät der Prozess des Lebens an sich aus dem Blickfeld. Spaltungen werden vorgenommen – zwischen Mensch und Tier, Mensch und Natur, Mensch und Kosmos. Es entsteht das harte Fundament des Anthropozentrismus und der verstiegenen Selbstbezüglichkeit. In dem jahrhundertelangen Blick auf sich selbst kam es nicht nur zu schärfsten Abgrenzungen zu allen Andersdenkenden, sondern es entstand auch nie eine Kultur des sittlichen und ehrfürchtigen Verhältnisses zur Mitschöpfung. Als Folge paarten sich nicht selten himmelwärts gerichtete Frömmigkeit und menschliche Nächstenliebe mit einer erschreckenden Gefühls- und Gedankenlosigkeit hinsichtlich anderer Lebensformen. (vgl. Eurich 2000, S. 147 ff.) Ethik und Spiritualität bleiben im Leben somit parzelliert. Sie spiegeln den Entwicklungsstand einer Kultur, in der der Durchbruch zur Erkenntnis und zur Wahrnehmung des Einsseins noch nicht vollzogen ist, auch wenn er in der Gegenwart beginnt sich anzudeuten.

Herausragende Einzelpositionen in der Geschichte des Christentums

Der Einfluss der griechischen Antike auf das christliche Ethos kann nicht hoch genug veranschlagt werden. Dies betrifft vor allem die Bedeutung der Philosophen Platon (um 427 – um 347 v. Chr.) und Aristoteles.

Platon verdankt sich das Ansinnen, die Beziehung zwischen der Absolutheit des Göttlichen als dem Maß aller Dinge und dem Ethischen des Menschen herzustellen. Darin wurzelt die Genialität seiner Ideenlehre, in deren Zentrum die Idee des ewigen absoluten Guten oder Gottes steht. Dorthin richtet sich das Ethos aus, daraufhin ist jeder Mensch verwiesen in seinem Sein, seinem Erkennen und Handeln. Das Ethos hat mit Platon den Raum des Transzendenten betreten, aus dem es wesenhaft stammt. Und sogleich konnte das Göttliche als die Gutheit des Einen in der Ganzheit der Schöpfung selbst wiedererkannt werden.

Aristoteles erdet das Gute und bindet es in Konkretionen an das Verhalten des Menschen. Auf ihn geht die christliche Tugendlehre zurück. Er begründet das am erkannten Guten orientierte sittliche Handeln als das Äußerste, was dem Menschen möglich ist. Und dieses

Handeln im Vorzeichen des Guten macht den Menschen selbst gut. Dem Tun des Guten ist auch die Freiheit des Menschen untergeordnet bzw. sie ist ihm zugeordnet.

Es sollte noch betont werden, dass wir sowohl bei Platon als auch bei Aristoteles die Bindung der individuellen Ethik an das Gesamt der Gesellschaft und die gemeinschaftliche Moral finden. Aus dieser Symbiose erwächst die Gerechtigkeit.

Mit Augustinus beginnt die eigentliche Sündenfall-Erlösungstheologie. Er verlagert die Frage nach dem Guten, nach Ethik und Moral in das Innere des Menschen. Dort ist die Wahrheit zu finden, dort lebt die Liebe. Das Innere lenkt unser Handeln. Und in ihm urteilt das ichbezogene Gewissen, das erkennt durch den Heiligen Geist: »Durch ihn sehen wir, dass gut ist, was überhaupt irgendwie ist. Denn von ihm ist es, der nicht irgendwie ist, sondern ist, ist.« (Augustinus 1950, S. 402) Augustinus stellt den Menschen vor eine unmissverständliche Wahl, indem er feststellt, dass jeder sich dem angleicht, was er liebt. »Liebst Du die Erde? Du wirst Erde sein. Liebst Du Gott? Dann sage ich, wirst Du Gott sein.«

Der so viele Jahrhunderte hindurch verheerend herrschende, vielleicht aber auch entwicklungsgeschichtlich zunächst notwendige Dualismus zwischen Himmel und Erde, der Gottesstadt und der irdischen Stadt des Teufels findet hier ihr Fundament – bei aller Bewunderung der Schöpfung, die, oft verkannt, uns immer wieder in den Schriften des nordafrikanischen Bischofs begegnet.

Die Bedeutung der inneren Stimme Gottes im Menschen, dass das Innere alles zu Tage treten lässt und im Inneren auch seinen Richter findet – darin liegt eine große Ähnlichkeit zwischen Augustinus und Bernhard von Clairvaux (1090–1153). Der Mönch, Klostergründer und Asket, Kreuzzugsprediger, der scharfe Kirchenpolitiker und zugleich begnadete Lehrmeister der europäischen Mystik stellt daneben, wie Augustinus auch, den Geist und sein Wirken in den Vordergrund. »Erwarte nicht, dass wir diesen Lohn durch unseren Leib empfangen. Der Heilige Geist allein enthüllt es. Umsonst fragst du die Schrift um Auskunft; frage lieber die Erfahrung.« (Bernhard von Clairvaux 1997, S. 28)

Mit dem Herzen, nicht mit der körperlichen Wonne behalten wir, so Bernhard, das Paradies; mit dem Herzen, in dem die Liebe wohnt, als »das ewige Gesetz, Schöpferin und Lenkerin des Weltalls.« (ebd. S. 108) Doch es liebt nur die Seele, die ganz und gar geistig geworden ist.

Selbstbesinnung steht nach Bernhard am Anfang aller ethischen und spirituellen Orientierungen. Und Selbsterkenntnis stellt die erste Stufe der Wahrheit dar, vor der, mit dem Leidenden zu leiden, und schließlich der Gotteserkenntnis. Diesen drei Stufen entsprechen die Vernunft, die Liebe und die Reinheit.

Zu dem freien Willen zu wollen, tritt die erlösende Gnade, das Gute zu wollen. Die Gnade Gottes erst macht das Wollen vollkommen. »Vollkommen ist unsere Hinordnung zum Guten, wenn uns nichts gefällt, als was sich ziemt und erlaubt ist.« (ebd. S. 66)

Die große Bedeutung dessen, was wir heute das Selbst nennen, billigt dem spirituellen Menschen bei Bernhard einen geradezu fürsorglichen Auftrag auch gegenüber sich selbst zu. Sei gut zu dir selbst, habe ein Recht auf dich selbst, schenke Aufmerksamkeit auch dir. Menschenliebe ist erst vollkommen, wenn der Einzelne sich selbst in ihr sammelt und findet. (vgl. ebd. S. 77 ff.)

In Aquino, nahe Monte Cassino, wurde 1225 Thomas von Aquino geboren, vielleicht der größte und begnadetste Denker und Systematiker im christlichen Kontext. Er erkannte die Geistesgaben des Menschen als von Gott geschenkt und deshalb essenziell ewig. Geist und Erkenntnis nahmen somit auch in seiner Tugendlehre den zentralen Platz ein.

Der Geist erst macht den Menschen fähig zur Freiheit – der Freiheit zur Wahl, zur vernunftgemäß begründeten Entscheidung zwischen gut und böse, richtig und falsch. In der Wahl finden Erkenntnis, strebendes Wollen und der natürliche Habitus des Urgewissens zusammen. Den Kanon der Tugenden als übergreifenden Grundhaltungen des Sittlichen leitet demzufolge die *Klugheit* ein. Sie setzt den Menschen in Stande zur sittlichen Urteilskraft und einem wirklichkeitsgemäßen, sprich guten Handeln. »In der Klugheit werden die ewigen, gottgegebenen Gesetze der Wirklichkeit von Menschen erkannt und als verbindlich anerkannt und ›neu gesetzt‹.« (Pieper 1934, S. 14) Thomas: »Jede Willensbewegung, die einer wahren Einsicht gemäß ist, ist in sich gut; jede Willensbewegung aber, die einem falschen Urteil entspricht, ist böse.« (zit. n. Pieper 1935, S. 53)

Mittels der Tugend der *Gerechtigkeit* enthält jeder das ihm Zustehende, verschafft sich das Recht Gehör. Die austeilende Gerechtigkeit (iustitia distributiva) weist dabei von der Gemeinschaft auf den Einzelnen, die legale Gerechtigkeit (iustitia legalis) vom Einzelnen auf die Gemeinschaft. Gemeinwohl und personales Einzelrecht greifen ineinander.

Die *Tapferkeit* dient dem Kampf für das Gute, der Verwirklichung der Vernunft. Sie setzt Verwundbarkeit und die Bereitschaft hierzu voraus. Im Letzten ist sie immer auf den Tod bezogen, die Verwundung bis zum Tode hin. Gleichwohl ist ihre zentrale Eigenschaft nicht der Angriff, sondern Standhalten und Geduld. Thomas unterscheidet drei Stufen der Tapferkeit: zunächst die politische, alltägliche, gemeinschaftsorientierte; sodann die reinigungshafte Stufe auf dem Weg zu höherer Verwirklichung und einem mystischen Leben; und schließlich die Tapferkeit des geläuterten Geistes, die schon zwischen Diesseits und Jenseits liegt. (vgl. Pieper 1934, S. 74 ff.)

Im *Maß* schließlich findet der Mensch nach Thomas zu seiner Verhältnismäßigkeit und zum angemessenen Umgang mit seinen leiblichen, seelischen und geistigen Kräften und Impulsen. Nüchternheit, Achtsamkeit und Besonnenheit sind die Gaben des Maßes.

Die Tugenden als die Ethik des Thomas im Sinn einer Notwendigkeit für den Weg mit Gott und zu Gott unterliegen der latenten Bedrohung durch die Trägheit des Menschen (Acedia) und der aus ihr resultierenden Verzweiflung. Als die Seinsverfassung der Verdammten will der Mensch in der trägen, verzweifelten Traurigkeit nicht das sein und werden, was er nach Gott sein soll und seinem Wesen nach auch ist. Thomas stellt in seiner Ethik die Grenzen und Schwächen des Menschen deutlich heraus und damit auch die Einschränkung hinsichtlich seiner Vernunftfähigkeit. Letztendlich bedarf hinsichtlich der Überwindung des Bösen der Raum des Menschen eines unmittelbaren göttlichen Eingriffs. (vgl. Kluxen 1980, S. 237 f.)

Was dem Menschen in seiner Verwiesenheit auf das Göttliche möglich ist – als Wachsender und Werdender in der Einheit des Kosmos, das verdeutlicht im 20. Jahrhundert wohl keiner so ausgeprägt wie Teilhard de Chardin (1881–1955). Der in seiner Lehre seitens der katholischen Kirche umstrittene Jesuitenpater, Theologe, Paläontologe, Mystiker und Dichter entwarf eine grandiose, zutiefst optimistische integrative Gesamtschau des Seins und der Zukünftigkeit. Auch er betonte den Primat des Geistes vor allem und fordert Leidenschaft vom Menschen für das, was er tut und was immer in der göttlichen Mitte des Universums aufgenommen wird. »... im Namen unseres Glaubens haben wir das Recht und die Pflicht, uns leidenschaftlich für die Dinge der Erde einzusetzen ... versuchen wir alle Wege! Durchforschen wir alle Abgründe ... in unserer Zeit ist die Menschheit im Begriff, erwachsen zu werden. Mit vollem Recht ist in ihr das Bewusstsein ihrer Kraft und ihrer Möglichkeiten erwacht.« (Teilhard de Chardin 1962, S. 57)

Die Fülle des Menschseins zu leben heißt, die Stumpfheit zu überwinden und unter dem Aufgebot aller Kräfte »bis zur äußersten Möglichkeit ihrer selbst vorzudringen.« (ebd. S. 94) Kampf und Kontemplation, die Pendelbewegung von Teilnahme an den Dingen und Vergeistigung, ist für Teilhard dabei die doppelte und einzige Bewegung, die die Erde rettet. Und jeder einzelne Mensch stellt in diesem Prozess eine natürliche Einheit dar, mit ihrer jeweiligen einzigartigen Verantwortlichkeit und Möglichkeit. Deshalb dürfen wir uns nicht mindern, sondern jeder von uns darf sich sehen als besonderer Mittelpunkt der Vergöttlichung. Und ihm bei Seite stehen die tätigen Tugenden der Reinheit (Gott in allem suchen), des Glaubens (durch den Glauben und im Glauben tätig werden) und der Treue (der Glaube heiligt die Welt; die Treue vereinigt mit ihr).

Und das Böse? »Die Bergzinne kann nur durch den Abgrund, über dem sie aufragt, recht gemessen werden.« (ebd. S. 184)

2.2 Islam

Mohammed (um 570–632), der Gesandte Allahs und Stifter der islamischen Religion, die, wie das Christentum, den Anspruch einer Universalreligion erhebt, erhält seine Bedeutung mehr durch den ihm offenbarten Auftrag als durch die Person selbst. Das unterscheidet – zumindest vom orthodoxen islamischen Verständnis herkommend – die Rolle des »letzten Propheten« von Jesus, dessen Wesen als Person existenziell und fundamental mit der christlichen Lehre und Lebenspraxis verbunden ist. Im Gegensatz auch zum Christentum, das sich zunächst Jahrhunderte in der Machtlosigkeit und Unterdrückung befand, hatte der Islam bereits zu Lebzeiten Mohammeds Erfolg. Hier gediehen nicht in langwierigen Prozessen Eschatologien und Utopien, sondern hier wartete praktisch bereits in der inhaltlichen und sozialen Konstitutionsphase der Realismus. (vgl. van Ess 1974, S. 78 f.) Und so ging von Beginn an, dem Aufbau eines Gemeinwesens in Medina durch den Propheten, das Streben weniger nach allgemeinen Idealen als nach praktikablen Lösungen für ein geregeltes, sinnvolles und gottgefälliges Leben. Mohammed gründete eine neue Form von Gemeinde (umma), die die bisherigen gesellschaftlichen Bindungen ersetzte und bis heute als Vorbild angesehen wird.

»Er ist Allah, außer dem es keinen Gott gibt; er kennt das Verborgene und das Sichtbare. Er ist der Erbarmer, der Barmherzige … er ist Allah, der Schöpfer, der Erschaffer, der Bildner … ihn preiset, was in den Himmeln und auf Erden ist, denn er ist der Mächtige, der Weise.« (Koran, 60. Sure, 22/24)

In Allah liegt die Einheit der Schöpfung und in ihr gehorcht alles unveränderlichen Gesetzen. Der Mensch nimmt als Statthalter Gottes in der gepriesenen Schöpfung eine Sonderstellung ein. Er wurde nach dem Koran geschaffen, um Gott zu dienen. (vgl. 61. Sure, 56) Und man dient Gott durch die Einhaltung seiner Gebote und die Pflege der Schöpfung. (vgl. Kandil 1996, S. 107 ff.) Der Mensch wird Mensch durch die Ausrichtung auf Gott, die Annahme seiner Gebote und seiner Führung, jedoch letztlich auf eigene Verantwortung.

Grundlagen des islamischen Lebens

Fünf Säulen konstituieren das Glaubensleben des Moslems: Das Glaubensbekenntnis (zu Allah und Mohammed, seinem Propheten); das fünfmalige tägliche Gebet; das Geben von Almosen/Almosensteuer; die Einhaltung der Vorschriften im Fastenmonat Ramadan; die Wallfahrt nach Mekka einmal im Leben – vorausgesetzt, dass Gesundheit und finanzielle Mittel dies zulassen. Glaube, Gebetspraxis und soziale Verantwortung finden sich hier als Einheit wieder. (vgl. Antes 1980, S. 189 ff.)

Die allgemein gültigen Normen sind darüber hinaus im Islam klar und präzise formuliert und festgelegt. Sie schreiben zumeist bis ins Detail vor, was der Mensch zu tun und zu lassen hat. Das verlieh dem Islam schließlich auch im Zuge seiner Ausbreitung die enorme Kraft der sozialen und politischen Gestaltung des Alltagslebens.

Der Koran als absolute Aussage über das, was Gott geboten hat, lässt zwar viele Anweisungen und Vorschriften erkennen, die man etwa im abendländischen Horizont als ethisch definieren könnte; doch eine eigentliche Ethik auch im Sinn einer philosophischen und auf Erkenntnis zurückzuführenden Kategorie gibt es nicht. (vgl. Antes 1982, S. 42) Nicht die Philosophie des Guten an sich bestimmt die einzelnen Verhaltensweisen, sondern einzelne Verhaltensweisen sind aus sich heraus gut, weil göttlicher Wille. Anders formuliert: Der Koran selbst in seiner

Ganzheit ist das Ethos schlechthin, das einer ethischen Theorie oder ethischer Zusatzentwürfe nicht bedarf. Gleichwohl finden wir bereits bei Mohammed wie auch in späteren Auslegungen Grundlagen der Tugendlehre wieder, die Aristoteles in seiner nikomachischen Ethik formuliert hat, als da vor allem sind: Tapferkeit, Ausdauer/ Geduld, Großzügigkeit, Barmherzigkeit und Gerechtigkeit. (vgl. Fakhry 1994, S. 199 ff.) Gott liebt die, die solches leben.

Der islamische Sittenkodex greift tief in das Leben des Einzelnen ein und ist auf verschiedensten Ebenen angesiedelt. So finden wir etwa im Bereich dessen, was erlaubt ist, die Unterteilung in Gebotenes, Angeratenes, Gestattetes und Abgeratenes (wofür aber keine Strafe vorgesehen ist).

Dem Verweis auf den Dekalog im jüdisch-christlichen Kulturraum entspricht im Islam ein zwölf Punkte umfassender Kodex, den wir im Koran finden. Er spricht an: 1. Setze neben Allah keinen anderen Gott; 2. Ihm allein sollst du dienen; 3. Ehrerbietung gegenüber den Eltern; 4. Gerechte Behandlung der Verwandten; 5. Keine Tötung von Kindern aus Armut; 6. Keine Unzucht; 7. Keine Tötung eines Menschen, außer es besteht ein Recht dazu (Krieg, Blutrache); 8. Kein Übergriff auf das Vermögen der Waisen; 9. Eingegangene Verpflichtungen erfüllen; 10. Ehrlichkeit im Sinn von »mit der richtigen Waage messen«; 11. Keinen unbegründeten Verdacht, Achtsamkeit für Gehör, Gesicht, Herz und Verstand; 12. Keine Überheblichkeit. (vgl. 17. Sure, 22/23–38) Das Verbot der Lüge, der Habsucht, der Heuchelei, des Alkoholgenusses und des Glückspiels ergänzen unter anderem an anderer Stelle im Koran diesen Kodex, der im Laufe der Geschichte eine immer weitere Ausdifferenzierung erfuhr und sich vor allem auf Präzedenzfalllösungen stützte.

Die Sicht des Menschen im Islam ist, fußend auf dem

Koran, durchaus positiv. Eine der Erbsündenlehre vergleichbare Doktrin existiert nicht. Gleichwohl neigt der Mensch auch zum Bösen. »... siehe, die Seele ist geneigt zum Bösen, es sei denn, dass sich mein Herr erbarmt«, sagt Joseph in der 12. Sure (53). Zur letzten Erkenntnis des Bösen allerdings sieht sich der Mensch nicht in der Lage. Er bedarf dazu der Vermittlung durch Gott, der ja auch »tut, was er will« – jenseits von gut und böse. Am Ende der Tage muss der Mensch Rechenschaft ablegen. »An jenem Tage werden die Menschen in Haufen hervorkommen, um ihre Werke zu schauen; und wer auch nur Gutes in Gewicht eines Stäubchens getan, wird es sehen. Und wer Böses im Gewicht eines Stäubchens getan, wird es sehen.« (99. Sure, 6–8)

Was wir in der christlichen Tugendlehre bei Thomas als Acedia kennen gelernt hatten, finden wir im Islam als die Schwäche des Menschen, der Gott vergisst, sich nur um Hilfe im Gebet an ihn wendet und früherer Gnadenerweise nicht gedenkt. Sure 41: »Nicht ermüdet der Mensch, um Gutes zu bitten, und wenn ihn das Böse trifft, so ist er verzweifelt und verzagt. (49) ... und wenn wir dem Menschen gnädig gewesen sind, so kehrt er sich ab und wendet sich zur Seite. Wenn ihn aber Böses trifft, dann betet er des breiten. (51)«

Wesentlich stärker als im christlichen Kontext sieht sich die islamische Religion als Einheit mit der Gemeinschaft und dem Einzelnen. Der Gedanke der Solidargemeinschaft beschränkt sich dabei nicht nur auf ein engeres Verständnis von Gemeinde, sondern bezieht Bedürftige an sich mit ein und beinhaltet ein ausgeprägtes Gastrecht. Das Soziale kann als der Rahmen für die individuellen Entscheidungen gesehen werden. Es beugt einer Privatisierung und Vereinzelung von Religion und ethischem Verhalten vor. Das auch prädestiniert den Islam für den

Anspruch übergreifender Verbindlichkeit bis hin zur Staatsreligion.

Die Beziehung von äußerem und innerem Weg

Das rechte Tun, weniger der rechte Glaube, bestimmen das Leben im Islam. Das Äußere finden wir fixiert bis ins Detail, das Innere, die Haltung und Absichten, das Denken und Empfinden, liegt in der Obhut der Bewertung durch Gott. Hier hat das irdische Recht keinen Zutritt. Die Mystik füllt auch im Islam diese Lücke. An vorderster Stelle steht hierbei der *Sufismus*, der das reine Gesetzes-Denken durch Dichtung, Musik und Tanz erweitert. Annemarie Schimmel: »Das Gesetz verspricht, ja garantiert gewissermaßen sogar das Heil des Menschen in dieser Welt wie nach seinem Tode, während die Tendenz in den mystischen Bewegungen dahin geht, das Göttliche hier und jetzt zu berühren … die unmittelbare Erfahrung der Liebe zu ›kosten‹.« (Schimmel 1995, S. 305) Der Mensch wird nach sufischer Auffassung zum Schöpfer der Verwirklichung für das, was schon immer als Möglichkeit in ihm ruhte. (vgl. Khan 1975, S. 11) Die Kontemplation führt ihn dabei und löst ihn von fest umrissenen, versklavenden Formen, führt ihn zum Prototyp des Menschseins. Kein Denken und kein Tun geschieht mehr ohne spirituelle Tiefe und kontemplative Achtsamkeit. Aus dem ungerichteten Unbewussten und der bloßen Buchstabentreue heraus ereignet sich die Umwandlung aller Werte hin zum unüberbietbaren Licht, das alle Dunkelheiten des Gewöhnlichen überstrahlt. (vgl. ebd. S. 46 f.) Der islamische Mystiker, wie alle Mystiker, spürt Gott in allem und sieht sich selbst als Teil des Göttlichen. Denn er kann nur schauen, was Gott in ihm erschaut und offenbart hat. Ein Gleichnis ist der Mensch und ein Spiegel des Absoluten. Die islamische Mystik steht in teilweise fundamentalem Widerspruch zur verordneten und praktizierten Lehre. Vor allem bricht sie mit dem Bild eines allmächtigen, in unüberbrückbarer Distanz zu dem Menschen stehenden Gottes. Und sie gesteht dem Menschen als Spiegel und Teil des Kosmos eine ungleich größere Freiheit zu, als dies das Nomos-orientierte Regeldenken in seinen kasuistischen Spitzfindigkeiten sehen kann. Sie macht ernst mit dem Menschenbild der Koranaussage von der Statthalterschaft Gottes auf der Erde (etwa 2. Sure, 30; 35. Sure, 39) und seiner Sachwalterschaft für die ganze Schöpfung. Das Freiheitsbild der Mystik steht exemplarisch für die Spaltung der moslemischen Gemeinde in die Protagonisten menschlicher Freiheit und die Deterministen, die bereits seit dem siebten Jahrhundert existiert. (vgl. Fakhry 1994, S. 19)

2.3 Buddhismus

Buddha, der Erwachte, der den Namen Siddharta Gautama trug und dem sich die Weltreligion des Buddhismus verdankt, wurde etwa 563 v. Chr. geboren und starb im Jahre 480. »Buddha« an sich gilt als eine Art Ehrenbezeichnung, die nicht nur auf diesen historischen Buddha, sondern auch auf andere erwachte und erleuchtete Persönlichkeiten in der Geschichte und der Zukunft Anwendung findet. Zwei Hauptschulen prägen den Buddhismus: Der Weg des Hinajana oder auch Theravada, der sich auf die Stiftung durch Gautama Buddha selbst zurückführt, blieb bis heute eine Mönchsreligion ohne Kultobjekte. Der vor gut 2000 Jahren hinzugekommene Mahajana richtet sich als Erlösungsweg an alle Menschen. (vgl. Mensching 1990, S. 157 ff.) Der Buddhismus stellt keine Offenbarungsreligion dar und verfügt demgegenüber über kein der Bibel oder dem Koran vergleichbares Textdokument. Das höchste Ansehen unter den schriftlichen Glaubenstexten genießt in allen Schulen der in dem alten indischen Pali-Dialekt verfasste Pali-Kanon, eine umfangreiche Schrift unterschiedlichster Regelwerke, Lehrreden und zugeordneter Interpretationen.

Alles entsteht, wird, wandelt sich und vergeht. Nichts bleibt davon ausgenommen, auch nicht die Götter selbst. Kein Wesen entgeht dem Rad der Wiedergeburten. Im Buddhismus wird der Mensch auf sich selbst zurückgeführt. Ihm allein obliegt die Gestaltung seiner Entwicklung, nichts außerhalb von ihm Stehendes greift ein. Er muss lernen, sich auf sich selbst zu verlassen und selbstbestimmt den Weg zur Erleuchtung zu gehen. Gleichwohl ist er kein Ich mit einer unzerstörbaren Ich-Substanz, sondern eingebunden in beständig fließende Lebensströme, die *Dharmas*. Sie enthalten die Elemente und alle Vorgänge, Substanzen und Qualitäten des Seins. (vgl. Rübenacker 1998, S. 78 ff.) Sie vereinigen die Kräfte, die das Werden und den Wandel bestimmen, sie prägen in einer bestimmten Kombination die Personalität, und sie bestimmen die Qualität der Wiedergeburt als neues und sich wandelndes Bündel von Lebenskräften.

»Der Dharma ist das wahre Wesen aller Dinge im ganzen Universum und dieses selbst. Er ist eine Lehre, übervoll an Möglichkeiten. Er ist das Ins-Dasein-Treten und das Vergehen dieser Möglichkeiten. Er ist das Zusammenwirken der Wesen, ihre wechselseitige Durchdringung und gegenseitige Abhängigkeit.« (Aitken 1989, S. 109)

Leiden und Nichtwissen prägen den Weg des Menschen. Haben-Wollen, Anhaften und Gier halten ihn in beidem. Das Böse sowie das Gute auch wurzeln allein in seinem Herzen. Es zu erkennen heißt, den Geist zu entfalten, der sich nicht von der Welt der Erscheinungen täuschen lässt. Welcher Geist? Der Geist, der fort von Begierde und Leidenschaft führt, hinein in die letzte Erkenntnis, die vor dem Nirwana steht, dem »Ort«, an dem alles verweht und gestaltlos aufgehoben, an dem der Kreislauf der Wiedergeburten durchbrochen ist.

Die edlen Wahrheiten

Mit dem Leiden beginnt die buddhistische Lehre, wie sie uns in der berühmten Predigt des Buddha im Gazellenhain von Benares vollendet gegenübertritt:

»Dies, ihr Mönche, ist die edle Wahrheit vom Leiden. Geburt ist Leiden, Alter ist Leiden, Krankheit ist Leiden, Tod ist Leiden, mit Unlieben vereint sein ist Leiden: Von Lieben getrennt sein ist Leiden, nicht erlangen, was man begehrt, ist Leiden: Kurz, die fünferlei Objekte des Ergreifens sind Leiden. Dies, ihr Mönche, ist die edle Wahrheit von der Entstehung des Leidens. Es ist der Durst, der zur Wiedergeburt führt, samt Freude und Begier, hier und dort seine Freude findend: Der Lüstedurst, der Werdedurst, der Vergänglichkeitsdurst. Dies, ihr Mönche, ist die edle Wahrheit von der Aufhebung des Leidens: Die Aufhebung dieses Durstes durch restlose Vernichtung des Begehrens, ihn fahren lassen, sich seiner entäußern, sich von ihm lösen, ihm keine Stätte gewähren. Dies, ihr Mönche, ist die edle Wahrheit vom Wege zur Aufhebung des Leidens: Es ist dieser edle, achtteilige Pfad, der da heißt: Rechtes Glauben, rechtes Entschließen, rechtes Wort, rechte Tat, rechtes Leben, rechtes Streben, rechtes Gedenken, rechtes sich Versenken.« (zit. n. Mensching 1990, S. 197)

Menschen müssen zuerst die Krankheit erkennen, an der sie leiden, sodann ihre Ursache bestimmen, die Ursachen beseitigen und den Weg der Heilung gehen, den achtfachen Pfad. Dieser besteht aus drei Wegstrecken/Stationen: der angemessenen Erkenntnis (panna), der angemessenen Sittlichkeit/Moral (sila) und der angemessenen

Sammlung/Versenkung/Meditation (samadhi). Die Stationen drei, vier und fünf wirken zunächst etwas fremd in der achtteiligen Kette. Sie erinnern an die bodenständige Ethik des Dekalogs. Und so sind sie auch zu verstehen. Sie warnen vor dem Scheitern, dem Scheitern durch allzu Menschliches, das Erkennen und den meditativen Weg blockiert. Ohne die rechte Lebensweise kann die Vollendung nicht gelingen. Andererseits geht jedem rechten Handeln die rechte Erkenntnis voraus und die Sammlung, aus der die Achtsamkeit im Moment geboren wird.

Ein von Allgüte erfüllter Geist (metta) durchdringt den wahren Buddhisten. Frei von Groll und Übelwollen empfindet er Mitleid (karuna) mit allen Wesen, Mitfreude (mudita) und dies alles in Gleichmut (upekkha). In der Metta findet sich das Einssein und Einsempfinden mit allen Seinsformen. So finden wir in der Metta-Sutta, gleichsam dem Hohelied des Buddhismus, die Aussage:

> »... ach, möchten alle glücklich sein! ...
> Zur ganzen Welt entfalte man
> ein Herz voll Güte, unbeschränkt,
> nach oben, unten, überall,
> von Zwang und Hass und Feindschaft frei ...
> wer keiner Ansicht ist verfallen
> und sittenreich ist, voll Erkenntnis,
> der Sinnengier ganz überwand, –
> der tritt in keinen Mutterleib mehr ein.«
> (Gerlitz 1980, S. 337)

Der Allgüte und Allliebe entspringt als Grundhaltung Ahimsa, das Nicht-Schädigen, Nicht-Töten, der Geist des Nicht-Verletzens. (vgl. Eurich 2000, S. 73–141) Auch die Mitfreude gehört dazu, die dem Pessimismus widersteht, und der Gleichmut, die Ruhe, die vor dem Extremen schützt und dem Abgleiten in überbordende Empfindungen und Gefühle. Der Gleichmut entspricht gleichsam dem Maß in den christlichen Kardinaltugenden. Ohne ihn erlangt der Werdende zudem nicht die erforderliche Toleranz und Geduld.

Auch im Buddhismus stoßen wir auf zehn Hauptgebote, etwa in der Zen-Tradition. Sie können als schulenübergreifend gesehen werden. 1. Nicht töten/nicht schädigen, 2. Nicht stehlen, 3. Keinen Missbrauch der Sexualität, 4. Nicht lügen, niemals »Worte ohne Wurzeln« verwenden, 5. Keinen Umgang mit Drogen, 6. Nicht über die Fehler des anderen sprechen, 7. Nicht sich selbst durch Verunglimpfung anderer loben, 8. Den Überfluss des Dharma nicht eigenmächtig zurückhalten, 9. Nicht von Wut mitreißen lassen, 10. Nicht über das Edle lästern. (vgl. Aitken 1989, S. 26–131)

Der andere, ja das andere Leben schlechthin, bilden den Fokus buddhistischer Ethik. Und es ist geradezu existenziell in absolutem Maß, die Suche nach Leidlosigkeit allen Lebens zu respektieren. Die Liebe des Buddhisten nimmt nichts aus, Respekt und Dankbarkeit gebühren allen Lebewesen.

Die edlen Wahrheiten und was aus ihnen an Konkretionen erwächst, sind als generelle Wegweisungen für den persönlichen Weg zu verstehen, sowohl für Mönche als auch für Laien. Der achtgliedrige Pfad des Buddha hat etwas Absolutes und stellt eine Einheit dar; gleichzeitig enthält er allerdings für jeden Menschen auf jeder Stufe der persönlichen Entwicklung ein Heilmittel. Insofern kann dieser Weg auch als Widerspiegelung der Entwicklungsgeschichte der Menschheit an sich und jedes Einzelnen in seinen vielen Leben gesehen werden.

Die buddhistische Ethik als nicht-theistische Ethik geht als Notwendigkeit der möglichen Erlösung voraus. Ethisches Handeln fundiert den Weg, ist aber nicht das Ziel selbst. Insofern liegt der Wert der Ethik auch immer in ihrer Praktikabilität. Und damit zeigt sie sich selbst dem Werden und Wandeln und dem Fließen in den jeweiligen Realitäten unterworfen bzw. zugeordnet.

Achtsamkeit, die immer schon alles enthält, sich auf alles ausrichtet und den Augenblick erfüllt, gibt allem Tun, ja Sein eine spirituelle Tiefe. In der Achtsamkeit, die in der meditativen Haltung eingeübt wird und ihren höchsten Ausdruck findet, verwirklicht sich der Geist als König aller Dharmas. »Der Geist ist der Maler, der alles malt.« (Thich Nhat Hanh 1991, S. 25) Ethik und Spiritualität im Buddhismus sind eins. Beides kann ohne das andere nicht gedacht werden und nicht zur Praxis finden.

Alles ist vergänglich und im Werden

Menschen, die zur Buddhaschaft reifen wollen, gelangen nach vielen Häutungen und Anstrengungen in den Status des Bodhisvatta, eines Kandidaten. Edler Geist und Taten, die ihn adeln, zeichnen den Bodhisvatta aus. Das Heil anderen Lebens liegt ihm noch näher als das eigene, das er zugleich jedoch nie aus den Augen verliert/verlieren darf. Die Einbindung in eine entsprechende Gemeinschaft Gleichgesinnter unterstützt den Buddhaweg, auf dem in der Einzelgängerschaft der Sog der Welt leicht zu mächtig werden könnte.

Kein Glauben an eine allmächtige Gottheit und keine Erwartung von Gnade stehen dem nach Erlösung strebenden Buddhisten bei. Er selbst hält die Fäden seines Schicksals in der Hand, ohne die rechte Motivation kommt er nicht voran. Und er benötigt die Einheit von ethischem Tun und geistiger Durchdringung, von Mitleid und Weisheit. Diese Einheit führt in die direkte Erfahrung der Wirklichkeit, das eigene Leben, nicht eine spekulative

Philosophie, spielt die Melodie des Seins. Offenheit und Lernfähigkeit begleiten den Wanderer, der im Bewusstsein geht, dass die Wahrheit von heute nur zu oft zum Irrtum von morgen wird. Buddha sagt: »Es ist gut, Zweifel zu haben. Glaubt nicht an etwas, weil die Menschen viel darüber reden, oder weil es schon immer so war, oder weil es so in den Schriften steht … Achtet darauf, ob es eurem Urteil widerspricht, ob es schädlich sein kann, ob es durch weise Menschen verurteilt wird, und vor alledem, ob es in der Praxis Zerstörung und Schmerz verursacht … Alles, was ihr als schön betrachtet, was mit eurem Urteil übereinstimmt, was durch weise Menschen anerkannt wird und was im praktischen Leben Freude und Glück bringt, könnt ihr akzeptieren und ausüben.« (zit. n. Thich Nhat Hanh, S. 40)

Dem Zweifel liegt die buddhistische Weisheit zugrunde, dass die Welt, in der wir meinen zu leben, oft nur bloßer Schein ist, eine Kopfgeburt. Meditative Übungen, die wie im Za-Zen das logische und vernunftgemäße Denken zurückfahren, um die Achtsamkeit für den Moment zu stärken, unterstützen den Weg der Desillusionierung und des Nicht-Anhaftens auch an Lehren und Dogmen. In dem grandiosen Werk »Siddharta« von Hermann Hesse spricht Siddharta am Ende seines abwechslungsreichen Lebens zu dem Weggefährten Govinda:

»Einen Stein kann ich lieben, Govinda, und auch einen Baum oder ein Stück Rinde. Das sind Dinge, und Dinge kann man lieben. Worte aber kann ich nicht lieben. Darum sind Lehren nichts für mich, sie haben keine Härte, keine Weiche, keine Farben, keine Kanten, keinen Geruch, keinen Geschmack, sie haben nichts als Worte. Vielleicht ist es dies, was dich hindert, den Frieden zu finden, vielleicht sind es die vielen Worte. Denn auch Erlösung und Tugend, auch Sansara und Nirwana sind bloße Worte,

Govinda. Es gibt kein Ding, das Nirwana wäre; es gibt nur das Wort Nirwana ... Die Liebe, oh Govinda, scheint mir von allem die Hauptsache zu sein. Die Welt zu durchschauen, sie zu erklären, sie zu verachten, mag großer Denker Sache sein. Mir aber liegt einzig daran, die Welt lieben zu können, sie nicht zu verachten, sie und mich nicht zu hassen, sie und mich und alle Wesen mit Liebe und Bewunderung und Ehrfurcht betrachten zu können.« (Hesse 2000/1922, S. 117 f.)

Der Buddhist ist frei in seinen Entscheidungen und doch geprägt von den vorherigen Leben, deren *Karma* ihn in die Wiedergeburten führt, zu deren endgültiger Überwindung der achtgliedrige Pfad, der viele Leben in Anspruch nehmen kann, hinleitet. In diese Welt, die von dem Rad der Wiedergeburten angetrieben wird, gibt es keinen Stillstand, nur Entstehen und Vergehen, Geburt und Tod, Werden, Wachsen und Zerstörung. Alles zeigt sich als Prozess, jede Statik entlarvt sich als bloßer Schein. Zur erlösten Buddha-Persönlichkeit kann grundsätzlich zwar jeder gelangen; denn jede Personalität birgt in sich Entwicklungsfähigkeit. Der Gipfelanspruch der Überwindung des Nichtwissens durch absolutes Loslassen scheint im Letzten jedoch wohl ein Mönchsweg zu sein.

2.4 Hinduismus

Ab etwa 1500 v. Chr. entstanden im Verlauf von ca. 3000 Jahren die vedischen Hymnen, die heiligen Schriften des Hinduismus. Sie gelten als die frühesten religiösen Dokumente der Hochreligionen. Die Veden sind grandiose Sammlungen indischer religiöser Literatur, Ritualphilosophie und Mystik, verfasst in Sanskrit, der Gelehrtensprache Altindiens, nach Auffassung der Hindu die Sprache der Götter und Ursprache der Menschheit. (vgl. v. Glasenapp 1992, S. 49)

So wie sich in den Veden der Entwicklungsweg und Reifegrad der indischen Kultur widerspiegelt, so kann die vedische Religion, der Hinduismus, als eine gewordene betrachtet werden. Es handelt sich, genau genommen, um ein ineinander verflochtenes System von Religionen auf unterschiedlichen Entwicklungsstufen, ohne dass es zu einem Bruch mit den älteren Systemen gekommen wäre. (vgl. Schwarzenau 1993, S. 154 ff.) Drückt sich in den Schriften des Hinduismus auch eine überzeitliche, transzendente Wahrheit aus, so haben wir es hier gleichwohl nicht mit einer Offenbarungsreligion zu tun. (vgl. Bandyopadhyay 1995, S. 9 ff.)

Erkenntnis, Nicht-Anhaften, Wahrhaftigkeit

Eine natürliche Ordnung gestaltet und regelt den Kosmos. Ein Weltgesetz liegt allem zu Grunde, hält, schützt, trägt – Dharma. Nach ihm richtet sich auch das Ordnungsgefüge des menschlichen Seins – so wie das der Götter und das der Dämonen. Alles hat seinen Platz, seine Aufgaben, seinen Horizont des Möglichen. (vgl. Rübenacker 1998, S. 59 ff.) Das Ziel des Menschseins im Verlauf allen Lebens liegt in der Erfüllung des personalen Dharmas, das sich im Prozess der Wiedergeburten wandelt. Ihm gerecht zu werden hat eine geradezu kosmische Bedeutung. Denn der Weg des einzelnen Menschen ist untrennbar mit dem Wohl und der Harmonie des Ganzen, des Universums, verbunden. Personal entscheidet der Grad der Verwirklichung, die Hervorbringung guter Taten, über das Karma und damit über die Qualität der Wiedergeburt. Die Wiedergeburt ist das Echo auf meine Taten. Der Mensch erntet, was er selbst gesät hat. Freiwerden vom ewigen Kreislauf des In-die-Welt-gestellt-Seins kann nur, wer die letzte Zeitlosigkeit erreicht, die Erlösung, moksha.

Auf dem jahrtausendealten hinduistischen Weg, die Sehnsucht nach Erlösung zu erfüllen, spielen Rituale und rituelle Handlungen eine Schlüsselrolle. Denn die in ihnen ruhende Kraft übersteigt selbst das Vermögen der Gottheiten. Rituale zentrieren das Gemüt auf das Wesentliche und sind zugleich ein tägliches Fest spiritueller Erfahrungen. Zur Geschichte des Hinduismus gehört untrennbar zugleich jedoch die Geschichte meditativer Praxis und einer schrittweisen Ersetzung zahlreicher Rituale durch den Weg der Versenkung.

»Nur um Taten bemühe dich,
niemals um (deren) Ergebnisse;
nie sei der Lohn einer Tat für dich Ursache (des Handelns)!
Du sollst (aber auch) nicht am Nicht-Tun haften!
Gottes gedenkend, tu die Taten,
das Anhaften aufgegeben habend …
Erfolg und Misserfolg nimm gleichmütig auf:
Als Gleichmut wird Yoga bezeichnet …
Im Geist suche Zuflucht!
Armselig sind die, die im Lohn den Anlass (zur Tat) sehen.
Der Weisheitsvolle gibt hier beide auf:
Guttat und Übeltat.
Dafür gib dich der Versenkung hin!
Versenkung bei den Taten ist heilsam.
Denn die taterzeugte Frucht
geben die Weisheitsvollen und Verständigen auf.
Von der Geburtenfessel befreit,
gelangen sie an die Stätte des Heils.«
(Bhagavad Gita, 2. Gesang, 47–51)

Das Gute tun, ohne auf den Erfolg zu sehen und Lohn zu erwarten; meiner Pflicht nachkommen, ohne Selbstsucht und ohne Anhaften, ohne Begierde, Furcht und Zorn und ohne Verlangen, das die Sinne beherrscht. Der hinduistische Weg kann ohne den Pflichtcharakter des sozialen Handelns, das sich dem Ganzen verantwortet weiß, nicht gedacht und nicht verstanden werden. Doch das Handeln (karma-marga) ist eingebunden in das Wissen (jnana-marga) und die gläubige Hingabe (bhakti-marga). Dieser Dreiklang der Wege, die gleichwohl getrennt gesehen werden können, führt in die mystische Suche nach Glückseligkeit und das Erreichen kosmischer Freude.

Ohne Einsicht und Erkenntnis, ohne dass wir uns in die Lage versetzen, die Welt von einem gesunden und angemessenen Urteilsvermögen aus zu betrachten, kann der Mensch sein Ziel nicht erreichen, muss er wieder und wieder scheitern und sich in Unheil verstricken. Der Resonanzboden allen Wissens besteht aus der Erkenntnis der letztendlichen Identität von *brahman* und *atman*, von absolutem und individuellem Wesen, absoluter Seele und personalem Selbst.

In sich und durch sich hindurch erfährt der Mensch das Ganze, die universale Kraft und Gestalt.

Der indische Weise Paramahansa Yogananda (1893–1952): »Unwissenheit gleicht einem scharfen Gift, das sich im ganzen Körper ausbreitet. Wenn wir derart vergiftet sind, erkennen wir unser wahres Wesen – das Ebenbild Gottes – nicht mehr … solange ihr in Unwissenheit lebt, wisst ihr nicht, wie viele leidvolle Inkarnationen noch vor euch liegen.« (Yogananda 1995, S. 291 f.)

Wahrheit und Wahrhaftigkeit sind die Frucht der Einsicht und Erkenntnis. Sagen, was man sieht, hört und denkt; den Geist beherrschen und entsprechend handeln. Wahrheit reinigt den Geist; sie bewahrt vor Unreinheit und Sünde und der Gefahr, anderes Leben willentlich und wissentlich zu verletzen. Leben in der Wahrheit macht die Eingebungen der inneren Stimme rein und untrüglich. Und Ähnliches bringt Ähnliches hervor.

»Wer die Berührungen der Außenwelt abgeschüttelt hat,
den Blick zwischen die Augenbrauen richtet,
das Ein- und Ausatmen gleich regelt,
die beide durch das Naseninnere gehen –
Sinne, Geist und Verstand zügelt,
als Weiser die Erlösung als Höchstes ansieht,
befreit von Wünschen, Furcht und Zorn ist –,
er ist für immer erlöst ...
So übend immerdar sein selbst,
gelangt der Meditierende gezügelten Geistes
zum Frieden, der im Nirwana als Höchstem besteht
und in mir seine Stätte hat.«
(Bhagavad Gita, 5. Gesang, 27./28. und 6. Gesang, 15.)

Die Unwissenheit zu überwinden bedarf es der Meditation. Mit ihr erschließt der Mensch seine eigenen geheimnisvollen Kräfte und erfährt Berührung durch die Kraft des absoluten Geistes. Der steile, in Anstrengung und Beharrlichkeit gegangene Weg der Meditation heilt; heilt von den Trugbildern und Illusionen, heilt von Maya, dem Netz kosmischer Täuschung, in dem wir uns so leicht verstricken.

Alles Tun ist sinnlos ohne Gottesliebe

»Wer mich überall sieht
und alles in mir sieht,
dem entschwinde ich nicht,
und er entschwindet mir nicht.

Wer mich in allen Wesen befindlich liebt,
in Einheit mit mir befindlich,
wo er auch sich bewegt –
dieser (mir) Ergebene bewegt sich in mir.«
(Bhagavad Gita, 6. Gesang 30./31.)

In der hingabevollen Gottesliebe bietet sich jedem Hindu, unabhängig von sozialem Stand, Zugang zu höheren Weisheiten und meditativer Schulung, ein möglicher Weg zur Erlösung. Ja, grundsätzlich wird alles erst sinnhaft durch die Ausrichtung auf das Göttliche. Negativ formuliert: »Das irdische Leben scheint sinnlos und verworren, solange wir nicht im Göttlichen verankert sind.« (Yogananda 1995, S. 288) Die liebende Zuwendung zum göttlichen Geist, zum Absoluten und seinem Wesenskern auch in mir selbst adelt alles Tun, auch die einfachsten Arbeiten, zum Gottesdienst. Trennungen sind aufgehoben, die Herzens- und Geisteserfahrung des Einsseins durchwebt die gesamte Existenz. Von hierher bestimmt sich das, was wir im Westen Ethik nennen und was im hinduistischen Kulturraum zu denken keinen Sinn macht ohne religio, Rückbindung, Rückverwurzelung. Gutes tun ist spirituell und Spiritualität erfüllt das Tun. Das Göttliche setzt alle Maßstäbe, eine Moral aus sich heraus existiert – zumindest in der Reinheit der Lehre – nicht.

2.5 Taoismus

»Die Menschheit folgt der Erde.
Die Erde folgt dem Himmel.
Der Himmel folgt dem Weg *(Tao)*.«
(Tao-te-king, 25)

Wenig gesichertes Wissen besteht über den Weisen Laotse, den Verfasser des Tao-te-king und Initiator der taoistischen Religion. Zwischen dem 4. und 5. Jahrhundert v. Chr. lebte und wirkte er in China – in Stille wohl und unspektakulär, seiner großen und so schlichten Lehre entsprechend.

Alles ruht im Tao, diesem Unaussprechbaren, Nichtsagbaren, der ewig wirkenden Ursprungs- und Vollendungskraft des Seins und Werdens. »Weg« und »Pfad«, wie Übersetzungen dies nahelegen, ja ... und doch unendlich mehr. Das Tao ist das Absolute, die »Mutter aller Welt« (Tao-te-king, 25), die Kraft des Lebens, die aus sich selber wirkt, eines äußeren Anstoßes nicht bedürftig. Steht der Mensch mit dem Tao in innerer Verbindung, so kann auch er wirken aus der Kraft des Nichttuns, in der Lebenshaltung des wu-wei, dem Handeln und Nichthandeln im Einklang mit der Natur.

Wendet der Mensch sich dem Ich zu, verlässt er die Kraft des Tao. Nicht aus sich selbst heraus entsteht nun das ideale Sein, sondern durch äußere Anforderungen. Die formulierte Ethik spiegelt den Zerfall der natürlichen Ordnung.

»Gerät das große Tao in Verfall,
so gibt es Menschenliebe und Gerechtigkeit.«
(Tao-te-king, 18)

Alles Fehlverhalten, alle Einforderungen von Sittlichkeit und Gesetzeshandeln folgen lediglich der Missachtung der kosmischen Ordnung.

Das Tao entfaltet sein Wissen und seine Kraft in der irdischen Welt durch das Te. Das Te macht das ewige Prinzip konkret, bindet es an den einzelnen Menschen. Da der Mensch als Teil dem Ganzen immer schon angehört, lebt auch das Te schon immer in ihm, so wie in allem, was ist. Man kann es als überzeitliche sittliche Kraft sehen, die in der Zeit ihre Entäußerung aus sich selbst heraus erfährt. Diesem Impuls folgen heißt intuitiv, nicht präskriptiv, richtig handeln. Laotse, dem Mystiker des wu-wei, ging es mit dem Handeln durch Nichthandeln nicht um Weltflucht, nicht um lethargisch-fatalistische Passivität, sondern um das Sich-Einfinden im ewigen Strom des Seins und dem ewigen Gesetz des Universums, das über allen künstlichen menschlichen Ordnungsversuchen steht. Wer in diesem Strom lebt, lebt in der natürlichen Ordnung und der natürlichen Liebe, von der es keinen Sinn macht, sie zu predigen oder als Pflicht einzufordern. Wunschlosigkeit, Nicht-Anhaften, durch das Leben wandern in Muße, in der Gelassenheit, die immer schon alles enthält. Nur der in sich und im Urstrom Ruhende vermag anderen ein Vorbild zu sein.

Aus einer Schrift, die ein Schüler des Laotse in Auseinandersetzungen mit Konfuzius (552–479 v. Chr.) verfasste:

»Missgunst und Gunst, nehmen und geben, lernen und lehren, zeugen und töten: Diese acht Dinge sind Werkzeuge des Vollkommenen. Aber nur der, der dem großen Wechsel zu folgen im Stande ist und nirgends haftet, vermag sie sich zu Nutze zu machen. Darum heißt es: Wer andere recht macht, muss selber recht sein. Wer das im Herzen nicht erfahren hat, dem öffnen sich nicht die Tore des Himmels.« (zit. n. Mensching 1990, S. 244)

Der Taoismus nimmt in den vorgestellten religiös-ethischen Systemen sicherlich eine Sonderstellung ein. Regeln, Normen, Gesetze lehnt er weitgehend ab, was auch als eine Reaktion auf den Konfuzianismus verstanden werden kann und die dort formulierten willentlich erstrebten Ideale im Rahmen einer festgefügten hierarchischen staatlichen Ordnung. Ob die taoistischen Grundsätze in ihrer Klarheit und Reinheit lebbar sind, bleibt eine offene Frage wie bei den Grundsätzen wohl jeden religiös-ethischen Systems. Erschwerend kommt hier allerdings das Fehlen konkreter Orientierungen und der weitestgehende Verzicht auf stützende Riten hinzu – zumindest in der ursprünglichen, nicht volksreligiösen Gestalt. Sein und Werden in Tao und Te und in der Haltung des wu-wei – das erfordert zudem viel an konkreter Lebenserfahrung und Lebensweisheit, die wohl nur einer Elite zugänglich ist, der Elite der Berufenen:

»Er verweilt in Wirken ohne Handeln.
Er übt Belehrung ohne Reden.
Alle Wesen treten hervor,
und er verweigert sich ihnen nicht.
Er erzeugt und besitzt nicht.
Er wirkt und behält nicht.
Ist das Werk vollbracht,
so verharrt er nicht dabei.
Und eben weil er nicht verharrt,
bleibt er nicht verlassen.
(Tao-te-king, 42)

Dies erinnert sehr an die Worte Jesu im Thomas-Evangelium: »Werdet Vorübergehende.«

3 Integration und Entgrenzung. Ethik und Spiritualität in ausgewählten Ansätzen des 20. Jahrhunderts

Das abendländische Denken, zu dem wir nun zurückkehren, hat die größten Triumphe seiner Geistesgeschichte, die gewaltigsten Siege des Menschen über die Natur und das Werden dessen, was wir uns angewöhnt haben, Zivilisation/Fortschritt zu nennen, dem Verbleiben in einer besonderen Form des Dualismus zu verdanken: dem der Trennung zwischen Geist und Materie. Die von René Descartes (1596–1650) zum absoluten Grundsatz erhobene Spaltung von denkendem Bewusstsein (res cogitans) und ausgedehnten Substanzen der Materie (res extensa) entfremdete den Menschen nicht nur von seiner eigenen Körperlichkeit, sondern auch von allem Nicht-Menschlichen. Die verheerenden erdzerstörenden Folgen dieses Reduktionismus blieben nicht spurenlos auch für die Ethik. Sie verfestigte sich im *Anthropozentrismus*, in der selbstgenügsamen Selbstbeschau des Menschen, der ethische Maximen und Begründungen nur zum Schutz seiner selbst denkt. Auch das Göttliche ist aus dieser Konzeption herausgenommen. Spiritualität begründet nicht die Ethik, und Ethik geht nicht in Spiritualität auf. Der Mensch allein ist Schöpfer des Universums seiner Bezugshorizonte, und die Philosophie, die die Liebe zur Weisheit auf Vernunftorientierung und Vernunftbegründungen begrenzt bzw. sie entsprechend verkennt, liefert die Basis der Legitimation. Der Königsberger Philosoph Immanuel Kant (1724–1804) führte solche auf dem Vernunftideal beruhende Ethik zu ihrem philosophiegeschichtlichen Höhepunkt. Die Vernunft ersetzt Gott als Bezugshorizont, Vernunft liefert allgemein gültige Normen und Letztbegründungen, dem Vernunftwesen Mensch ist alles andere Leben unter Nützlichkeitsgesichtspunkten zugeordnet. Als vom Menschen kommend und bei ihm verbleibend stellt die Pflichtethik Kants, die ihren Gipfelausdruck im kategorischen Imperativ findet, unbestritten einen strahlenden Punkt am Firmament der humanistischen philosophisch-ethischen Ansätze dar. Achtung und Respekt vor der Würde des Menschen und seiner Annahme als denkendes und vernunftbestimmtes Wesen bilden die Axiome, vor denen anderes nicht bestehen kann. Und sie fundieren seine Freiheit. Doch wie gesagt: Der Mensch verbleibt bei sich als Zweck an sich.

Ausdrücklich gegen eine reine Pflichtethik wandte sich Arthur Schopenhauer (1788–1860). Seiner Ethik kann man den Namen Mitleidsethik geben. Erkenntnis und Erfahrung des Leidens anderer führen den Menschen zur Gerechtigkeit, dem Nichtverletzen, ja der Menschenliebe schlechthin. Das Mitleid als generalisierte Handlungsmaxime verbleibt jedoch nicht beim Menschen, sondern schließt – auch in den Folgen für das ethische Handeln – Tiere mit ein. »Empörende Rohheit und Barbarei« sei der Irrglaube, wir hätten keine moralischen Verpflichtungen gegenüber den Tieren. (vgl. Schopenhauer 1991, S. 595 ff.; vgl. auch Kruse 1999, S. 46 ff.)

Den Kantschen Gedanken vom Menschen als Zweck an sich treibt Friedrich Nietzsche (1844–1900) weiter voran, wenn auch mit entscheidenden Akzentverschiebungen im Vergleich zu Immanuel Kant. Es gibt nach Nietzsche keine Vernunft, die allen Menschen zu Eigen ist – und noch weniger allgemein gültige Normen und vorschreibende Konventionen des Zusammenlebens. Dies sind lediglich falsche Zwänge einer versklavenden Moral und ihrer auch religiösen Herleitung und Begründung. Das wahre Wesen des Menschen macht es demgegenüber aus, frei und selbstbestimmt zu dem zu werden, was keine außerhalb von ihm stehende Instanz sehen, beurteilen oder gar fordern kann. Er muss sich selbst in die Lage versetzen, die volle Perspektivität und Verantwortung für sein Leben zu übernehmen und entsprechend aus seinen Potenzialen heraus zu reifen – ohne Rückbindung an einen Gott und das Getragenwerden vom Strom einer das Selbst erniedrigenden Mittelmäßigkeit.

»Was aus Liebe getan wird, geschieht immer jenseits von gut und böse.« (Nietzsche 1990, S. 617) Dieser Satz könnte auch von Jesus stammen und wird, wie oben bereits angesprochen, sinngleich bei Augustinus mit dem »Liebe, und dann tu, was du willst« formuliert. Nietzsches Nicht-Ethik appelliert an die höchsten Ethos-Kräfte des Menschen und ihre Befreiung. Sein philosophischer Atheismus ist die Kampfansage an eine im Letzten und Allerletzten entmündigende Religion und der grandiose Entwurf einer Freiheit, die die Voraussetzung darstellt für eine tiefe Spiritualität, in der von dem göttlichen Wesen im Menschen selbst immer schon etwas mitschwingt, das sich hier auf Erden ganz entfalten soll, im Übermenschen – jener oft so bewusst entstellten und fehlinterpretierten Denkgestalt. In »Also sprach Zarathustra« lässt Nietzsche diesen sagen:

»Seht, ich lehre Euch den Übermenschen. Der Übermensch ist der Sinn der Erde. Euer Wille sage: Der Übermensch sei der Sinn der Erde! Ich beschwöre Euch, meine Brüder, bleibt der Erde treu und glaubt denen nicht, welche Euch von überirdischen Hoffnungen reden! Giftmischer sind es, ob sie es wissen oder nicht.« (Nietzsche 1990, S. 9)

Der Übermensch ist zu seinem Selbst vorgedrungen, hat im positiven Sinn zu seiner Einmaligkeit gefunden.

Auch wenn er bei Nietzsche gleichfalls noch bei sich selbst verbleibt, so finden wir hier doch die Grundlegung für eine integrale Seinsmöglichkeit, die zur Verwirklichung erst findet, wenn sie in vielen Häutungen Entwicklungsstadien abgestreift hat, die in ihrer Zeit denk- und lebensnotwendig waren, die nun aber auch einem Entwicklungssprung nicht mehr im Wege stehen dürfen.

3.1 Ehrfurcht vor dem Leben. Die mystische Ethik des Albert Schweitzer

Dass nicht das von wo und wem auch immer Vorgegebene den Weg des Menschen in seiner Entwicklung prägen soll, sondern Denken, Wille und Erkennen – in dieser Grundauffassung vom Auftrag des menschlichen Seins liegen Friedrich Nietzsche und Albert Schweitzer (1875–1965) sehr nahe beieinander. Vernunft erschloss sich unter dieser Vorgabe für den Philosophen, Urwaldarzt, Leben-Jesu-Forscher und begnadeten Bach-Interpreten somit auch als Zusammenfinden und Zusammenwirken von Freiheit, Wille und Erkennen. Jedes ethische Suchen und Erspüren, alle Grundlegungen des Sittlichen wurzeln und finden Klarheit neben den Liebeskräften des Herzens in ihrer Denknotwendigkeit und der kontinuierlichen Auseinandersetzung mit der Wirklichkeit. Alle ethisch wertvollen Ideen werden »… in dem Denken stets von neuem geboren …« (Schweitzer 1980, S. 185) Welchem Denken? Dem Elementardenken, das nichts anderes voraussetzt, nichts anderes übernimmt, was doch nur zur Störung und Schwächung des Eigendenkens führt. Dieses elementare Denken allein vermag sich der »Missachtung des Denkens« und der »Gedankenlosigkeit unserer Zeit« (ebd. S. 181/189) wirksam entgegenzustellen.

Für den Menschen bleibt der Sinn des Universums unerkennbar. Sinnloses und Sinnvolles greifen hier unverstanden ineinander. Wir können demzufolge zu keiner letzten Welterkenntnis vorstoßen und sollten uns vor »Weltanschauung« hüten, wenn es um eine Begründung des Ethischen geht. Vielmehr ist hier Lebensanschauung von uns gefordert. Das Leben können wir in seinen Antrieben und Impulsen erfassen. In dem Erkennen des Lebenswillens und seines universalen Charakters bestimmen wir unsere Position zur Welt. (vgl. Ecker 1990, S. 60 ff.) Der erkennbare Wille zum Leben bestimmt alles, richtet alles aus, schafft Bewusstseinsklarheit und die Koordinaten des Ordnungsstrebens. Das Leben erfüllt keine spezifischen Zwecke, vielmehr ist es selbst der Zweck an sich und dadurch wertvoll an sich. Das Erkennen – und zwar das gelehrteste wie das kindlichste – führt zu dem Begriff, der das Lebenswerk Albert Schweitzers wie kein anderer geprägt hat, der »Ehrfurcht vor dem Leben«.

»Ehrfurcht vor dem Leben, vor dem Unbegreiflichen, das uns im All entgegentritt und das ist, wie wir selbst, verschieden in der äußeren Erscheinung und doch innerlich gleichen Wesens mit uns, uns furchtbar ähnlich, furchtbar verwandt, Aufhebung des Fremdseins zwischen uns und anderen Wesen.« (Schweitzer 1995, S. 210)

Schweitzer identifiziert und markiert die Grundschwäche aller bisherigen Ethik, nämlich dass sie allein vom Menschen her kommend sich auf diesen nur bezog. (vgl. ebd., S. 173) Mit der Idee der Ehrfurcht vor dem Leben erweitert er diese Engführung entscheidend, bis zu der Frage, wie Mensch und Welt zusammengehören. Das Erspüren des Einsseins allen Lebens, des unendlichen Willens allen Seins, macht uns ergriffen. Es weitet die Liebe auf alles Lebendige aus und damit auch die Humanitätspflicht auf alle Geschöpfe.

Ehrfurcht vor dem Leben heißt Ehrfurcht und Respekt vor dem Werden, vor der Entwicklung und vor dem Vollendungsdrang, der in allem Leben ruht. Hier nun fallen letzte Grenzen, etwa die in wertes und unwertes Leben, ja die Wertunterschiede von Lebewesen überhaupt.

»Das Unternehmen, allgemein gültige Wertunterschiede zwischen den Lebewesen zu statuieren, läuft darauf hinaus, sie danach zu beurteilen, ob sie uns Menschen nach unserem Empfinden näher oder ferner zu stehen scheinen, was ein ganz subjektiver Maßstab ist. Wer von uns weiß, was das andere Lebewesen an sich und in dem Weltganzen für eine Bedeutung hat? ... Dem wahrhaft ethischen Menschen ist alles Leben heilig ...« (Schweitzer 1980, S. 193 f.)

Hier finden wir die Grundlegung einer universalen Ethik. Leben mitzuerleben und es zu erhalten zeichnet dieses Ethos aus. »Du sollst nicht töten« hat Geltung auch für unsere Mitgeschöpfe. Wesenseins kommt dieser Einspruch Schweitzers mit dem östlichen Ahimsa, dem Geist des Nichtverletzens, daher. Beide Denkweisen anerkennen zwar, dass Leben von Leben lebt und sich nur auf Kosten von Leben erhalten kann. Leben darf dann gleichwohl nur aus Notwendigkeit geschädigt oder vernichtet werden, nie aus Gedankenlosigkeit. Und über allem thront die Suche nach der Gelegenheit, »Leben beistehen zu können und Leid und Vernichtung von ihm abzuwenden.« (ebd., S. 194) Von anderen Lebewesen unterscheidet den Menschen in diesem Zusammenhang, dass er das »grausige Schauspiel« der Selbstentzweiung des Lebens denkend erkennt und durchschaut und ihm die Solidarität gegenübersetzen kann – verbunden mit dem Ringen, dieser Selbstentzweiung zu entrinnen, wo immer er nur kann. (vgl. Schweitzer 1995, S. 174) Sittlichkeit bedeutet somit die Anerkennung der Heiligkeit des Daseins, von seiner höheren, noch unbekannten Bestimmung überzeugt sein und nicht schädigend in das Dasein einzugreifen. Solche Sittlichkeit formuliert sich nicht in Geboten, sondern »wächst wie ein Strauch in großen und kleinen Trieben aus der Ehrfurcht vor dem Dasein.« (Schweitzer 1985, S. 68)

In der Ethik der Ehrfurcht vor dem Leben findet sich Verantwortung als ins Grenzenlose erweitert. Diese Ethik einer »Hingebung an Leben« führt den empfindungsfähigen und denkbereiten Menschen in eine erschütternde Erfahrung. In allem findet er sich wieder, erblickt er sein Du. »Die Flocke, die aus dem unendlichen Raum auf deine Hand fiel, dort glänzte, zuckte und starb – das bist du. Überall wo du Leben siehst, das bist du!« (ebd. S. 25) Die Ehrfurcht vor dem Leben beginnt in der Ehrfurcht vor dem eigenen Dasein. Im Dasein zu bleiben ist der erste Akt der Sittlichkeit.

Die Ethik der Ehrfurcht vor dem Leben gilt absolut. Vor ihr haben keine relativen Ethiken Bestand, sie erkennt keine solche an. Sie steht über den Sätzen der Propheten und über den Gesetzen. Wie ein Lichtstrahl aus der Unendlichkeit gelangt sie mit der Idee der Liebe zu uns. Sie bringt den Menschen in ein geistiges Verhältnis zum Unendlichen. Schweitzer bezeichnet sie selbst als »ethische Mystik«. (1980, S. 195) Insofern kann sie nicht ohne Religion gedacht werden, nicht ohne das Sein in Gott, das ethisch bestimmte Sein in Gott. Und in ihr ruht zugleich immer das Sehnen aller tiefen Religiosität. (vgl. 1995, S. 236) Die religiöse Rückbindung schafft dem Menschen seine unverwechselbare Identität, in der Gott sich als ethischer Wille offenbart. In ihr findet er zu seiner geistig-ethischen Vollendung.

Für Albert Schweitzer wurde die Ethik der Ehrfurcht vor dem Leben, die Einsicht, dass wir Leben sind, das leben will, inmitten von Leben, das leben will, zur »denknotwendig erkannten Ethik Jesu«. (1980, S. 193) Das Sittliche ruhe demzufolge in der Liebe und genau daran kranke die christliche Vergangenheit: dass diese Sittlichkeit nicht zu einer Macht geworden und gewachsen ist und die Menschheit noch immer so dasteht, als ob die Worte Jesu für sie nicht existierten. (vgl. 1995, S. 206)

Abstumpfung trägt die Mitschuld daran, der große Widersacher der Sittlichkeit. Die Augen zu verschließen, wenn Leiden sich zeigt, »vernünftig« zu sein, wo eigentlich eine höhere Instanz walten sollte. »Gut bleiben heißt wach bleiben!« (1995, S. 212)

In der Ethik der Ehrfurcht vor dem Leben gelingt Albert Schweitzer die aus dem christlichen Kulturraum her kommende Weichenstellung zu einer integralen Schöpfungsethik, die tief spirituell verwurzelt, sich im Verhalten gegenüber dem »geringsten« Lebewesen bei jedem unserer Schritte und Taten verwirklicht und bewährt. Schweitzers Leben selbst als Einheit von Erkennen und Handeln steht für das Möglichsein dieser Ethik, bei allen grundsätzlichen Problemen, mit denen das Nichtschädigen von Leben uns unausweichlich konfrontiert – in der unüberwindbaren Selbstentzweiung des Seins.

3.2 Schöpfungsspiritualität. Der vierfache Pfad des Matthew Fox

Auch wenn er sich nicht direkt auf ihn beruft und die Schriften zur Ethik in keinem seiner Bücher erwähnt, so führt der ehemalige Dominikanerpater Matthew Fox (geb. 1941) inhaltlich doch das Werk Schweitzers fort. Er fordert die Neugründung einer mystischen, prophetischen und kosmologischen Weltsicht, ein »radikales religiöses Erwachen«, das sich »sowohl an die Psyche (Mystik) als auch an die Gesellschaft (Gerechtigkeit und Prophetie)« wendet und in dem praktiziert wird, was gepredigt wird. (Fox 1991, S. 19) Nicht mehr das Bild einer gefallenen Natur im Kontext der Sündenfall-Erlösungsspiritualität, sondern die Wiederentdeckung der Natur und der ganzen Schöpfung als unerschöpfliche Weisheitsquelle stehen im Lichtstrahl dieses Erwachens, das eigentlich eine Renaissance, eine Wiedergeburt darstellt. Denn es hat eine lange Vergangenheit, steht in alter Tradition, kann auch auf biblische Wurzeln verweisen. (vgl. Fox 1998, S. 15 f.) Vor allem aber zeigen sich Schöpfungsethik und *Schöpfungsspiritualität* als transreligiös. Sie entstammen dem großen Schatz des Menschengeschlechts an sich, in dem erwachte Christen, Buddhisten, Moslems, Hinduisten, Juden, Taoisten und Vertreter mancher so genannter Naturreligionen sich wiederfinden und als universal verbunden erkennen können.

In Anknüpfung an die Worte Jesu beginnen Ethik und Spiritualität, die für Fox eins sind, mit der Umkehr des Herzens und der Reinheit des Herzens. (vgl. Fox 1991, S. 345; 1991a, S. 196) Sie sind wichtiger als jede äußere Gerechtigkeit bzw. gehen ihr voraus. Und sie stehen im Vorzeichen des ersten und letzten Gesetzes des Seins – nämlich dass alles jederzeit im Fließen und im Werden ist, es keinen Stillstand gibt und es zu unserem Auftrag als Menschen gehört, in unserer Zeit den uns jeweils möglichen Beitrag für das Wohl des Ganzen zu leisten. Wachheit bestimmt eine Existenz, die diesen Auftrag annimmt, und sie lebt in dem Bewusstsein, dass der Einbruch des Göttlichen in das Menschliche, dass die unmittelbare Gotteserfahrung jederzeit alle früheren Meinungen und Urteile und Wertigkeiten umstürzen kann.

Vier Pfade der Schöpfungsspiritualität nennt Fox, vier

Pfade, die als geistiger Weg den überfälligen Paradigmawechsel einläuten können.

Auf der *Via Positiva* stellen wir uns der Ehrfurcht und dem Staunen gegenüber dem Wunder des Seins und aller Wesenheiten, die der Schöpfungsprozess hervorgebracht hat und weiter hervorbringt.

Auf der *Via Negativa* begegnen wir der Dunkelheit und dem Leid, der Stille und der Leere, und wir üben uns im Loslassen, im Aushalten und im Sein-Lassen.

Auf der *Via Creativa* setzen wir unsere Phantasie und die schöpferischen Kräfte in uns frei. Als Mitschaffende mit Gott leisten wir unseren Beitrag zum Gebären einer neuen Wirklichkeit.

Auf der *Via Transformativa* bewegen wir uns auf das umfassende Mitgefühl zu. Hier geschieht Erlösung vom Leiden durch den Kampf gegen das Unrecht und für Gerechtigkeit. Hier feiern wir das Leben als Fest, integrieren all unsere Gaben. Hier hat vor allem auch Kunst ihren Platz. (vgl. Fox 1993, S. 32–42)

Mindestens dreimal täglich sollten wir uns nach Fox verlieben – in Blumen des unendlichen Straußes, den die Schöpfung auffächert (Via Positiva), und wir müssen uns auf der Via Negativa in das Dunkle wagen. Hier warten die wohl größten Herausforderungen, denn dieses hat viel mit Loslassen zu tun, mit der Preisgabe des Ich und der Weigerung, das Ich zu Gunsten einer tiefen und transzendenten Erfahrung aufzugeben. Die Via Negativa will uns zur Freiheit durch Überwindung jeglicher Abhängigkeiten und Zwänge führen; sie will, dass wir den anderen lassen, wie er ist, und ihn nicht zur Zielscheibe unserer Projektion degradieren. Sie ermutigt, den Schmerz zuzulassen und zu erkennen, damit Heilung sich ereignen kann, und sie fordert uns auf, unser Dunkel hell zu durchleuchten und anzunehmen. Wenn wir uns selbst vergeben, können wir auch anderen wahrhaft verzeihen. Und ohne Verzeihen geschieht keine Erlösung, im Verzeihen liegt der Gipfelpunkt des Loslassens. (vgl. 1991a, S. 182–187) Die Einübung der Stille begleitet den Suchenden auf der Via Negativa: empfindsam werden, hören lernen und zur Empfänglichkeit finden im Heimatraum der Kontemplation.

Auf der Via Creativa treffen wir die Schönheit, die sich in allem Sein offenbart. Schönheit heilt, sie erlöst und vereint uns mit ihrem Ursprung. Schönheit als »Ewigkeit hier unten« (Simone Weil) begleitet uns in die Harmonie des Seins. Aus ihr erst entstehen wahres Mitgefühl, Fürsorge, Leidenschaft, Freiheit und Beziehungsfähigkeit. Schönheit ist dabei kein äußerliches Attribut, sondern offenbart sich durch die Gabe, Wirklichkeit als Liebender zu sehen.

Das allgegenwärtige Licht der Schönheit auf der Via Creativa stellt den Menschen in eine neue Beziehung auch zur Sexualität. Als schöpferische Kraft in der Suche nach Schönheit in Begegnung versöhnt sie sich mit dem Ethos, wird sie als Teil und Bedingung unserer Integrationsfähigkeit erkannt. In ihr entäußern sich Hingabe und Verbindlichkeit. Wahre Sexualität, die mehr als Triebverlangen ist, öffnet einen mystischen Erfahrungsraum, in dem schon jetzt das Einssein sich ereignet, aus dem das ganze Werden wurde und zu dem es wieder strebt.

»Im Ausdruck Mit-Schöpfung steckt eine Gegenseitigkeit. Die Gottheit und wir sind miteinander Schaffende, gleichermaßen verantwortlich … für das Überleben von Mutter Erde und für alle Persönlichkeitstypen, Beziehungen, Lebensstile, politische und wirtschaftliche Systeme, die wir hervorbringen. Ein Mitschöpfer ist jemand, der oder die das Mystische selbst gebiert oder zulässt, dass es geboren wird.« (Fox 1991, S. 290)

Es ist das herausragende Kennzeichen der Schöpfungsethik von Matthew Fox, dass sie den Menschen als gestaltenden Teil der kosmischen Ordnung sieht und ihn entsprechend in die Verantwortung nimmt; die Verantwortung, die neue Ordnung, die die alten Werte in Frage stellt, schon heute hervorzubringen. Aus diesem Auftrag und aus dieser Verantwortung gibt es kein Sich-Herausreden. Zwar sind wir »tierisch und dämonisch«, aber eben auch »göttlich und menschlich«. (ebd., S. 206) Fox nennt die uns zu diesem Sein und Werden führende Kraft den kosmischen Christus. »Überall, wo für Gerechtigkeit gekämpft wird und wo sie siegt, wo Heilung stattfindet und weitergegeben wird, wo Mitgefühl siegt, heilt, befreit und erlöst der kosmische Christus.« (ebd., S. 228)

Fox hat tiefe christliche Wurzeln. Die Mystik eines Meister Eckehart und einer Hildegard von Bingen prägen sein Denken. Als Mann der Mystik überwindet er aber zugleich jegliche religiösen Engführungen. Stößt man bei Albert Schweitzer – im Widerspruch zur Weite seiner Ethik – noch auf zum Teil schroffe Abgrenzungen gegenüber anderen, vor allem östlichen Religionen, so geht Fox, ohne sein christliches Fundament zu verlassen, überzeugend den integrativen Weg, den der Offenheit gegenüber dem Gemeinsamen, den des Nachspürens nach dem Ursprungsimpuls, aus dem wir alle kommen und alle Sonderwege sich gebildet haben.

3.3 Spirituelle Entwicklung als Auftrag der Menschheit. Das Ethos der Entwicklungsfähigkeit von Ken Wilber

In Ken Wilber begegnet uns der vielleicht bedeutendste lebende Philosoph, was die integrative Verknüpfung von Evolution, Ethos und Spiritualität betrifft.

Das Sein des Menschen als Entwicklung und Aufstieg beginnt für ihn mit der großen Umkehr, die uns, mythisch verkleidet, im »Sündenfall« gegenübertritt. Hier liegt der Ausgangspunkt des Erwachens, des selbstbewussten Wissens und Erkennens. Kein Fall aus dem spirituellen Himmel war dieses Erwachen, sondern eine Aufwärtsbewegung weg von der Erde, »eine Bewegung in der Erkenntnis, dass der Mensch ... bereits gefallen war oder sich anscheinend von der Quelle und dem Geist getrennt hatte.« (Wilber 1984, S. 335) Mit dem »Sündenfall« ging eine Menschheitsepoche zu Ende, wo wir das Leben verschliefen wie die Lilien auf dem Felde, nicht in zeitloser Ewigkeit, sondern in Naivität. Selbstbewusstsein und mentale Reflexion folgten. (vgl. ebd. S. 340 f.) Die Menschen wurden nicht aus einem Paradies vertrieben, sie gingen freiwillig, mit erhobenem Haupt. Die Kinder, im Begriff, erwachsen zu werden, verlassen das beschützende und begrenzende Elternhaus. Erstmals überschreiten sie eine Grenze bewusst – zwischen Geborgenheit und Risiko, Unschuld und Verlangen, Ohnmacht und Freiheit. Sie entsklaven sich und werden dadurch überhaupt erst fähig, langsam den Horizont des Ganzen zu erahnen und sich dem höchsten Ganzen neu anzunähern. Allerdings bewegt die Menschheit sich in diesem Prozess auf unterschiedlichen Entwicklungsniveaus und historisch/kulturell bedingten Bewusstseins- und Erkenntnisgrenzen. In zwei Haupt-Menschheitstypen werden die kulturellen Entwicklungsphasen deutlich. Wilber nennt sie die Aufsteiger und die Absteiger. Aufsteiger sind asketisch, repressiv und puritanisch, sie opfern gerne das Diesseits einer Vorstellung vom Jenseits; Absteiger suchen in der Endlichkeit der Zeit den unendlichen Wert, wollen dem Diesseits etwas entlocken, was es nicht geben kann, die Erlösung. »Aufsteiger verneinen die Schöpfung, Absteiger sehen nichts anderes als diese Schöpfung: Das sind die beiden Hauptformen gebrochener Fußnoten (erg.: zu Platon, Anm. d. Autors), die im Westen seit 2000 Jahren umgehen und mit denen der Westen (aber nicht nur der Westen) seine Initialen so roh und so tief ins unschuldige Angesicht von Himmel und Erde geschnitten hat.« (Wilber 1996, S. 393)

In dieser Art des Aufstiegs werden Kräfte freigesetzt, die Ken Wilber Phobos nennt, eine Suche nach Transzendenz ohne Umfangen, entrückter Eros ohne die Zuwendung der Liebe, Agape. Um des fernen Ideals eines gelobten Landes willen sind Aufsteiger bereit, das hiesige zu vernachlässigen, ja zu zerstören, sind gewaltbereit mit verklärtem Blick zu den Sternen.

Im Abstieg begegnen wir auf der Flucht vor dem Höheren Thanatos, der das Niedere umfängt und einswerden möchte mit ihm. Thanatos bleibt an das Niedere gefesselt. Ihm entspringt der Entwicklungsstillstand und – wie die Alten sagen würden – die Acedia. Auch diese Liebe, die diesseits verhaftete ohne Aufstiegsimpuls, atmet den Tod. Sie tötet das Höhere im Namen des bloßen Mitgefühls, das nicht über den Tag und die Zeit hinaus zu sehen vermag. »Die Absteiger zerstören diese Welt, weil es die einzige Welt ist, die sie haben.« (ebd. S. 416)

In der Gegenwart treffen wir Phobos und Thanatos, so Ken Wilber, gelegentlich als Ego und Öko. Das Ego verabsolutiert die Geistes-, die Noosphäre, es scheitert an der Frage, wie es sich selbst und die Biosphäre in einer höheren Synthese integrieren soll und kann. Das Öko verabsolutiert demgegenüber die Biosphäre und ist unfähig, Ursachen der verhängnisvollen Entwicklungen im geistigen Raum zu sehen und zu erkennen und entsprechend dort nach der Formulierung gemeinsamer Ziele zu suchen.

»Die ursächlichen und wirklich bedrohlichen Probleme der Erde sind nicht Umweltverschmutzung, Industrialisierung, Überbewirtschaftung, Bodenverseuchung, Überbevölkerung, Ozonabbau und dergleichen mehr; all das ist nur allzu sichtbar für den, der es sehen will. Nein, Gaias Hauptproblem liegt im Mangel an Verständigung und Übereinstimmung in der Noosphäre.« (ebd., S. 594 ff.)

Im Gegensatz etwa zu Albert Schweitzer stellt Wilber deutlich die Notwendigkeit heraus, Wertigkeiten und Unterschiedlichkeiten in den Wesenheiten des Seins anzuerkennen. Jede Bio-Egalität verhindere ansonsten pragmatische Entwicklungsschritte – vor allem auch den wichtigsten, etwas an unserer anthroprozentrischen Haltung zu ändern. Jedes Ethos, und nur das verdient diesen Namen, das geistig durchdrungen ist, muss im Kern seines Wesens die Vieldimensionalität des Seins und der Wirklichkeit angemessen integrieren, wenn es heilende Folgen und Entwicklungskonsequenzen haben will. Nur dann leisten wir auch unseren Beitrag, die göttliche Energie, den unaufhörlichen Strom schöpferischen Wirkens, bis in die untersten Randbereiche des Seins vordringen zu lassen.

Das Höhere, nach dem wir streben, findet sich, so Wilber, nur auf dem Weg über das Innere. Vorausgesetzt, wir bleiben nicht, wie die Aufklärung, in der Innerlichkeit gefangen, sondern bewegen uns auf die Einbindung des Ich in den holistischen Kosmos, der immer auch ein »Darüber-Hinaus« ist, zu.

3.4 Der Wert des Lebens in sich selbst. Die tiefenökologische Bewegung

Das holistische Denken und die Einbettung des Menschen als Holon/Ganzheit in die Ganzheit des Kosmos, das für Wilbers Denken so prägend ist, hat einen starken Ausdruck in der so genannten Tiefenökologie gefunden. Diese geht maßgeblich auf den norwegischen Philosophen und Umweltschützer Arne Naess zurück. 1970 kreierte er den Begriff »deep ecology« und wies darauf hin, dass die gängigen Umweltschutzmaßnahmen nicht ausreichen, um bis zu den Wurzeln des Problems der ökologischen Krise zu gelangen. Ohne ein neues Verständnis der Erde und des Kosmos und der Rolle von uns Menschen als Teil und Ausdruck des Ganzen verbleibt alles Bemühen an der Oberfläche. Kein ethisches Bemühen und keine moralische Anstrengung reichen hin, die Erde zu heilen, solange der Mensch nicht lernt, im Namen eines größeren Selbst, der Erde, zu handeln. Die Tiefenökologie versteht sich ganzheitlich, und entsprechend breit ist das Spektrum der Ansätze und Bewegungen, die sich in ihr zusammenfinden. Westliche Philosophie und östliches Denken haben sie genauso geprägt wie verschiedene religiöse/spirituelle Traditionen, wobei buddhistische Einflüsse eine Sonderstellung einnehmen – vor allem durch die im Buddhismus so tief verwurzelten Prinzipien der Achtsamkeit, des Nicht-Verletzens und der Ehrfurcht vor dem Leben. (vgl. Naess 1997, S. 203 ff.)

In der Tiefenökologie geschieht die Versöhnung von Spiritualität, Ethik und Politik. Die Ethik kann hier durchaus als eine individuelle gesehen werden, in Verbindung mit der umfassenden, am Einzelnen festzumachenden Verantwortung. Doch das Individuum stellt in diesem Denken kein vereinzeltes Wesen dar, sondern sieht sich in seinem ökologischen Selbst als Teil des Ganzen. Von Mutter Erde selbst sollen die Menschen lernen, um die Bedürfnisse der Orte und Lebewesen zu erspüren. Und die spirituelle Beziehung zur ganzen Schöpfung führt sie dazu, die Regungen der Seele, die in allem wohnt, wahrzunehmen. Das Verständnis von »Leben« ist in der Tiefenökologie umfassend. Es bezieht die Landschaften, Gewässer, alle Ökosysteme und auch die Elemente mit ein. Die Vielfalt und Verschiedenheit dieser Lebensformen haben einen unantastbaren Wert in sich selbst. »Dieser Wert ist unabhängig von der Nützlichkeit der nichtmenschlichen Welt für menschliche Zwecke.« (ebd. S. 188) Gleichzeitig tut der Mensch in allem, was er für anderes Leben tut, etwas für sich selbst, steht er in der wechselseitigen Verbundenheit allen Seins.

Die buddhistische Prägung der Tiefenökologie zeigt sich neben dem Grundethos vor allem in der Stellung des Menschen. Er hat eine grundlegende Autorität, aus der heraus er sich selbst ernst nehmen kann, ohne sich auf eine außerhalb von ihm stehende Macht (Gott) verlassen zu müssen. Die Autorität von mehr als vier Milliarden Jahren planetarischer Evolution steht ihm dabei zur Seite. Sie sollte ihn über jegliche Selbstzweifel erhaben machen. (vgl. Miller 1994, S. 253)

Joanna Macy, eine der tragenden Persönlichkeiten der tiefenökologischen Bewegung, sieht in diesem Aufbruch die Geburtsstunde einer neuen Sicht von Welt, den Beginn der »großen Wende«.

»Wir haben für dieses ›Neue‹ noch keinen Namen, aber ich glaube, dass sich der vereinheitlichte Kern aller Religionen im dritten Jahrtausend daraus zusammensetzen wird. Ein neues Verständnis von ›Heiligkeit‹ wird im Mittelpunkt stehen, egal ob wir dieses Wort dafür benutzen werden oder nicht.« (Macy 1997, S. 13)

Zweifellos stellt die Tiefenökologie den vielleicht grundlegendsten gegenwärtigen Impuls dar, das anthropozentrische Menschenbild zu überwinden. Allerdings droht diesem Ansatz die spirituelle Tiefe verloren zu gehen, wenn eine zu weit gehende Identifikation mit den erdgebundenen Kräften stattfindet, dem Sich–Einsfühlen mit dem Leid der Erde.

3.5 Das Projekt »Weltethos«

Planetarische Verantwortung statt purer Nützlichkeits- oder Gesinnungsethik – darum geht es auch dem Anliegen des Weltethos, das maßgeblich mit dem Namen des Tübinger Theologen Hans Küng verbunden ist. »Die ungeteilte Welt braucht zunehmend das ungeteilte Ethos! Die postmoderne Menschheit braucht gemeinsame Werte, Ziele, Ideale, Visionen.« (Küng 1990, S. 57) Die Weltgesellschaft muss die Verantwortung für ihre eigene Zukunft übernehmen, für die Mitwelt, die Umwelt und die Nachwelt. Voraussetzung dafür ist die Zusammenarbeit der Verantwortlichen der verschiedenen Weltregionen, Weltideologien und Weltreligionen. Eine Art Grundethos dieses Weges formulierte bereits 1970 die »Weltkonferenz der Religionen für den Frieden« im japanischen Kyoto.

»Wir fanden, dass wir gemeinsam besitzen:
- eine Überzeugung von der fundamentalen Einheit der menschlichen Familie, von der Gleichheit und Würde aller Menschen;
- ein Gefühl für die Unantastbarkeit des Einzelnen und seines Gewissens;
- ein Gefühl für den Wert der menschlichen Gemeinschaft;

- eine Erkenntnis, dass Macht nicht gleich Recht ist, dass menschliche Macht nicht sich selbst genügen kann und nicht absolut ist;
- der Glaube, dass Liebe, Mitleid, Selbstlosigkeit und die Kraft des Geistes und der inneren Wahrhaftigkeit letztlich größere Macht haben als Hass, Feindschaft und Eigeninteressen;
- ein Gefühl der Verpflichtung, an der Seite der Armen und Bedrückten zu stehen gegen die Reichen und die Bedrücker;
- tiefe Hoffnung, dass letztlich der gute Wille siegen wird.«
  (ebd., S. 89 f.)

Küng geht es um keine neue Einheitsreligion, sondern um Transformation, religiöse Verständigung und Zusammenarbeit, Besinnung auf das Gemeinsame und Umsetzung in tätige Praxis. Dazu bedarf es zunächst eines Dialogs der Kulturen auf allen Ebenen der menschlichen Existenz; in Politik, Wirtschaft, Wissenschaft, den religiösen Institutionen und vor allem den Alltagsbereichen des Menschen in den verschiedenen religiösen Lebenswelten.

Das Projekt Weltethos stellt einen bedeutenden Zwischenschritt dar auf dem mühsamen Weg hin zu einem globalen Bewusstsein. Seine positive Bedeutung liegt in der Herausstellung des uns über die Religionen und Kulturen hinweg als Gattung Verbindenden und in der Besinnung darauf. Gleichwohl verbleibt es in dem, was erforderlich ist, »nur« ein Zwischenschritt. Die Begrenzung liegt in der Absolutsetzung des Menschen. »Er muss letzter Zweck, muss immer Ziel und Kriterium bleiben.« (ebd. S. 54)

Zweiter Teil
Das Ethos des Einsseins

Das 20. Jahrhundert war hinsichtlich der Bedeutung des Menschen im Prozess des Seins und Wandels unserer Erde enthüllend. Gnadenlos und unerbittlich hat unsere Gattung sich ihr Selbstzerstörungspotenzial vor Augen geführt und dem Leben auf dieser Erde tiefe Wunden geschlagen. Viele Einschnitte und Verletzungen sind unumkehrbar und nicht heilbar. Zigtausend Arten fielen unserer Entwicklung, Vermehrung und Ausbreitung zum Opfer. Wir haben uns von dem kosmischen Vorgang, den wir Leben nennen, extrem entfremdet. Aber wir haben diese Entfremdung mit all ihren Folgen auch erkannt. Und wir haben begonnen, Pfade zu suchen und zu betreten, die vielleicht an den zahlreichen Sackgassen vorbeiführen, in die Teile von uns immer wieder rennen bzw. in die sie mit hineingezogen werden.

Wir – das meint das Menschengeschlecht, das, im selbstverliebten Blick auf die eigene Wesenheit, seine Teilhaftigkeit am Ganzen nicht mehr wahrnimmt, würdigt und achtet, das sich erhaben wähnt über seine Um- und Mitwelt und das erst jetzt schmerzhaft lernt, dass jeder Schlag in das Netzwerk des Lebens auch ein Schlag ins eigene Gesicht ist.

Das gigantische Niveau kultureller und hier insbesondere technologischer Errungenschaften hat in Verbindung mit der Dynamik soziokultureller und politischer Prozesse die alten Gravitationsfelder an Bedeutungen und Bindungen weitgehend entkräftet, ja teilweise aufgehoben. Schlüsselfragen des Seins stellen sich neu und mit ihnen Anforderungen an Ethik und Spiritualität. Nüchtern sollten wir dies bei allem Leid und allen Irritationen zur Kenntnis nehmen. Es gehört zum Werden und Wachsen, zum Reifen und zum Sich-Vollenden. Achtsamkeit, Ehrfurcht und Würde fallen uns nicht zu. Sie wollen ersehnt, erlitten und erkämpft sein; beharrlich, kontinuierlich, vertrauend und lernbereit. Sie wollen aber auch ersungen, ertanzt, erliebt und meditiert sein. Keine neue Schönheit entsteht ohne Freude und Zuneigung.

4 Sein und Werden

4.1 Die Freiheit des Lassens

Wir sind zur Freiheit befreit. Das bleibt als Vermächtnis der alten Religionen. Wir leben ständig und unausweichlich in Entscheidungen, sind in ihnen aber frei; wir leben als zur Entscheidung in Freiheit Gezwungene. Welche Entscheidung und wohin? Und wie weit reicht die Freiheit? Die (scholastische) Theologie lehrt bis in unsere Tage, dass die Freiheit als Willensfreiheit uns dahin führt, etwas zu tun oder zu lassen. Das sei der Sinn aller Gebote und Verbote. Ohne freien Willen gebe es keinen Verdienst und keine Sünde, keine gerechte Strafe und keinen gerechten Lohn. Das beinhaltet also die Freiheit in Richtung sowohl auf das Gute als auch auf das Böse. Dieses – menschheitsgeschichtlich betrachtet – pubertäre Freiheitsverständnis kann einer am Wendepunkt ihrer Entwicklung sich befindenden Menschheit nicht länger als Selbstverständnis dienen. Die Freiheit, in der wir sind und in der wir uns als Leben entfalten, hat nur Wert im Hinblick auf Optionen, welche die Freiheit nicht selbst gefährden oder aufheben durch Gefährdung der Seins-Möglichkeiten schlechthin. Freiheit also, wie das Leben überhaupt, kann nicht statisch, darf nicht in ihrer Ausrichtung gesehen werden als ein einmal (von Gott) gegebener Zustand. Sie ist nicht, wir haben sie nicht, sie wird. Und sie wandelt sich, eingebunden in den Wandel und die Entwicklung unseres menschlichen Selbst. Mit unserem Wachstum veredeln sich auch die Anforderungen an sie; und es differenziert sich und veredelt sich zugleich die innere Instanz für das freiheitliche Handeln – das Gewissen. Die Erkenntnis des dem Leben und seinen Erfordernissen Zugewandten wächst mit den individuellen und den kollektiven Entscheidungen für diese Erfordernisse. Dieses Freiheitsverständnis hält demnach bestimmte Optionen nicht mehr zur Verfügung, ja der Verzicht auf sie erst macht im eigentlichen Sinne frei.

Freiheit kann nicht wachsen, ohne dass eine Person Abhängigkeitshaltungen erkennt und überwindet. Abhängigkeitshaltungen entstehen gegenüber Dingen, Gütern, äußeren Werten und Strukturen, die gleichsam ein Eigenleben führen und »Pflege« sowie »Zuneigung« abfordern. In Abhängigkeitshaltungen führen Zeitgeistströmungen, Moden, öffentliche Meinungen, Moral und Gewohnheiten, aber auch Schulen – und damit Engführungen – der Weisheit und des Wissens. Abhängigkeitshaltungen entwickeln wir schließlich gegenüber Personen; wenn Beziehungen, auf allen Ebenen, von Projektionen, Erwartungen, Anhaften oder Abstoßung und nicht vom *Sein*-Lassen geprägt sind. Den anderen *sein*-lassen allerdings kann nur der, der sich selber auch immer wieder lässt – *sein*-lässt, *werden*-lässt; der den Respekt gegenüber dem eigenen Selbst aus dem Respekt gegenüber dem anderen zieht, und vice versa. Die Freiheit des Lassens schafft Freiheitsraum. Sie lässt Optionen hinter sich und öffnet neue. Sie hält Seele und Bewusstsein entwicklungs- und ganzheitsfähig – Seele und Bewusstsein, die doch Quelle und Strom der Freiheit sind.

Das Ringen des Menschen um Freiheit in der Entwicklung ist das Ringen darum, sich durchlässig zu halten für das Feld des Vollkommenen, das Feld der überzeitlichen Ordnung, das jenseits menschlicher Konstruktionen und Projektionen liegt und das sich aus sich selbst heraus mitteilt. In dieser Freiheit halten wir uns in Kontakt mit einem fließenden Universum, das sich durch unser Bewusstsein selbst erkennt.

4.2 Die Freiheit und das Böse

Wir können nicht von der Freiheit sprechen, ohne dass das Böse ins Spiel kommt. Denn es gehört zur Existenz, gleichsam als Probe auf die Freiheit. Als vorhandene Möglichkeit schwingt es im sich seiner selbst bewussten Leben immer mit. Es drückt das Verhältnis zur Wahlfreiheit aus, zur Entscheidungsmöglichkeit. Das Böse wird zum Bösen erst durch die Entscheidung. Zwischen dem »in das Böse geraten« und »das Böse bewusst tun« liegt eine quantitative und qualitative Distanz. Ihr Bewertungsmaßstab ergibt sich aus dem Entwicklungsstand und der Verfasstheit des menschlichen Bewusstseins. Jedoch: Im Erkennen und Empfinden von gut und böse und dem dann Böse-Handeln liegt ein Verrat am Menschengeschlecht und seinem Entwicklungsauftrag. Selbstredend gilt Gleiches für das Nicht-Handeln im Hinblick auf das erkannte Gute.

Das im Urteil des Menschen erkannte Böse ist als metaphysische Seins-Wirklichkeit immer präsent. Seine Entfaltungsmöglichkeiten steigen mit der fehlenden Bereitschaft, sich selbst zu bestimmen, in selbstverschuldeter Unmündigkeit zu verharren, Anforderungen auszuweichen – in Leidenschaft oder Trägheit. (vgl. Eurich 2000, S. 39 ff.) Aus der eins gewordenen, in sich und in dem Strom des Lebens, im Sein und Werden und Vergehen ruhenden Seele kann nicht böses Handeln folgen. Denn das, was wir das Böse nennen, zeichnet sich durch sein Gespaltensein, seine unversöhnte Polarität und die Absolutsetzung des Partiellen aus.

Die gegenwärtige Epoche hält uns nun noch in einer neuen Qualität und Äußerungsweise des Bösen. Es entstand und entwickelte sich durch Herausreißen und »Kultivieren« von Partialkräften aus dem Kontext der Ganzheit. Kräfte wurden freigesetzt, die nicht mehr zu beherrschen und zu integrieren sind. Ursprungskräfte wie atomare, manche chemischen und manche gentechnischen Prozesse wandeln sich zu verselbständigten Gewalten mit eigenen Gesetzmäßigkeiten. Aus dem Gleichgewicht herausgetrennt, schaffen sie kaum vorhersehbare Instabilitäten, die vom Menschen ausgehen und sich letztendlich gegen ihn im Besonderen richten. Solche Gewalten entstehen nicht nur durch entfesselte Naturkräfte, sondern auch durch Macht auf allen Ebenen – politisch, ökonomisch, geistig. Jeder von uns trägt entsprechende Orientierungen als Option in sich, und doch weisen sie über den einzelnen Menschen hinaus. Die in Generationen angehäuften und untereinander verbundenen Einzelhandlungen stellen gleichsam eine übergeordnete Qualität der Gesamtverfassung einer Kultur her, die wesentlich einschränkend auf die Entscheidungs- und Handlungsmöglichkeiten einer Person wirken und nicht selten Ohnmachtsgefühle erzeugen. Das Böse hat sich gleichsam systemisch strukturell verfestigt – und es bedarf außerordentlicher individueller und kollektiver Bewusstseins- und Entscheidungsprozesse auf allen Systemebenen, um der Potenzialität des Menschen hin zum Feld der Vollkommenheit die notwendigen Freiheitsspielräume immer wieder zu öffnen. Dieses Feld der Vollkommenheit – und das wird oft, vor allem auch in religiösen Traditionen, verkannt – ist keine Illusion. Es ist wirklich und möglich, ja schon allein dadurch, dass wir es denken können. Genau wie der vollendete Mensch keinen bloßen Mythos darstellt, sondern seine Inkarnation unter anderem in Jesus fand.

4.3 Entwicklung ist Auftrag und Sinn des Seins

»Leben ist Wandlung
wir neigen zur Verwurzelung
suchen äußere Geborgenheit
streben nach Sicherheit.

Leben ist Wandlung
es lässt uns wachsen
zur Geborgenheit in uns
und Befreiung von uns.

Leben ist Wandlung
getragen vom Fluss des Lebens
lernen wir ›Ja-sagen‹
zu Abschied und Anfang.«
(Schwarze 1999, S. 43)

Das Böse zu überwinden heißt, sich unserer Entwicklungsfähigkeit und unserer Potenzialität zu stellen und ihr in Freiheit zu begegnen. Wir stellen uns damit dem Sinn des Seins und des ganzen Universums schlechthin. Wenig haben wir bisher von diesem Sinn verstanden, doch was wir erkennen konnten, deutet auf Entwicklung, Wandel und Prozess als Grundgesetz des Seins und Grundanforderung an das bewusste Leben hin. Das, was wir Evolution nennen, enthält seine Impulse und seine Dynamik aus dem Grundstrom, der zur Höherentwicklung hin zunächst zum Leben und schließlich des Lebens selbst führt. Einen Endzweck und einen Endzustand können wir nicht benennen, und wir brauchen es nicht. Denn beides entsteht als Ziel und mögliche Seinsform erst im Werden selbst.

Die Welt ist unsere Schule, in der wir lernen und aus einem unendlichen Repertoire schöpfen können. Sie ermutigt uns, weiterzugehen, erwachsen zu werden, Unmündigkeit abzustreifen und dem gewaltigen Konzert der Schöpfungsklänge eine weitere kleine Stimme, ein weiteres zartes Instrument hinzuzufügen. Es gibt keine ernsthafte Alternative zu dieser Einsicht und diesem Schritt, der die Aufbietung unserer schönsten Kräfte erfordert. Das bewusste Leben ist ein Geschenk. Es anzunehmen heißt, sich ihm in der Lebensführung als würdig zu erweisen. Was meint würdig? Sich der Arbeit an der eigenen Entwicklung zu stellen und den Zusammenhang zum Ganzen des Lebens dabei mitzusehen – Scheitern inbegriffen – und wieder zu beginnen selbstredend auch.

Das Leben ist aber auch unsere Brücke, hinter der sich der transzendente Raum erstreckt. Die Brücke markiert den jederzeitigen Übergang in das Feld des Göttlichen und des Geistigen. Sie stellt den überindividuellen und überzeitlichen Lebens- und Sinnzusammenhang unserer Existenz her.

Vor diesen Hintergründen nun lässt sich die Frage nach gut und böse neu stellen. Gut ist, was das Werden, die Entwicklung und Entfaltung fördert; böse ist, was dem sich widersetzt und es blockiert.

Martin Buber: »… das menschlich Rechte ist ja der Dienst des Einzelnen, der die mit ihm schöpferisch gemeinte rechte Einzigkeit verwirklicht. In der Entscheidung die Richtung anzunehmen bedeutet somit: Die Richtung auf den Punkt des Seins nehmen, an dem ich, den Entwurf, der ich bin, an meinem Teil ausführend, dem meiner harrenden Gottesgeheimnis meiner erschaffenen Einzigkeit begegne … Ohne das Einschlagen und Einhalten der einen Richtung … gibt es für den Menschen wohl, was er das Leben nennt, … Existenz gibt es für ihn ohne sie nicht.« (Buber 1986, S. 74 f.)

Diese »erschaffene Einzigkeit«, die Buber anspricht,

stellt uns als mit allem Leben Verbundene in die grenzenlose Weite des Erschaffenen überhaupt. Hier sind wir frei, und wenn etwas unsere Entwicklung und Entfaltung behindert, dann jene Sicht- und Verhaltensweise, die uns zu Sklaven unserer objektiven und unserer selbstverantworteten bzw. konstruierten Grenzen macht. Sehe ich mich als Teil des höchsten Ganzen, nehmen mir auch die Grenzen, in denen ich lebe und leben muss, nichts von meiner kosmischen Freiheit und damit Entwicklungsfähigkeit. Sein zu wollen, was wir an sich sind, heißt Befreiung aus Eingrenzung, aus der Acedia, aus der Verzweiflung der Schwachheit. (vgl. Pieper 1935, S. 57 ff.)

Vieles im Lebens eines Menschen besteht aus oft unhinterfragten Routinen und Gewohnheiten. Nicht selten führen sie in eine Spirale, in der wir uns selbst immer ähnlicher werden, uns immer mehr dem angleichen, was wir uns an Rahmen selbst gezimmert haben. Dieser schleichende Selbstmord lässt verharren und verhärtet. Er raubt Zukunft durch Entzug von Möglichkeiten. In der Aufgabe von Selbstwiederholungen, Selbstangleichungen und sich selbst bestätigenden Routinen, Ritualen, Einsichten und Urteilen liegt somit der erste und bedeutende Schritt zum Werden in Verwandlung und Entwicklung. (vgl. Steffensky 1984, S. 113 ff.) Zu diesem Schritt gehört die teilweise Überwindung unserer eigenen Geschichte mit hinzu. Auch wenn wir in der Geschichte unserer Beziehungen und Bezüge, unserer Möglichkeiten und Behinderungen eingebunden bleiben. Aber ich bin nicht in erster Linie, was ich war und woher ich komme, sondern was ich zu werden im Begriff bin und wohin die Sehnsucht mich zieht. Ich bin der, der auf dem Weg ist, auf dem Weg zwischen Schon-jetzt und Noch-nicht.

Vom Wegfall der alten Gravitationsfelder an Bedeutungen und Bindungen in der Gegenwart sprachen wir zu Beginn dieses Abschnitts. Unter dem Vorzeichen der Entwicklungserfordernis unserer Personalität und unserer Gattung insgesamt können wir diesem Verlust nun durchaus etwas Positives abgewinnen. Denn er macht vieles möglich, öffnet neue Entwicklungsräume, schafft Spielräume, die Generationen lang zu normiert waren. Das »Spiel« der Entdeckungsreise zu unserem Möglichsein allerdings hat auch begonnen riskanter zu werden.

5 Einssein – Das Leben ist unteilbar

5.1 Die Transzendenz der Liebe

Das Universum und sein Sinn; Makrokosmos und Mikrokosmos, die sich ständig neu schaffen; Natur und Geist, Materie und Bewusstsein – bei aller fortschreitenden Erkenntnis bleibt das Geheimnishafte, bleibt der Zauber des im Letzten Unergründlichen. Wie soll das Begrenzte auch das Unbegrenzte je ganz fassen?

In Staunen, im Ergriffensein und in der Haltung der Ehrfurcht werden wir diesem Geheimnis gerecht, ohne in der Suche nach Antworten innehalten zu können. Was uns immer weiter suchen lässt, ist der zur Entwicklung drängende Wille, aus dem alles Leben hervorgeht und sich formt, selbst. In der Ehrfurcht vor dem Werdens- und Entwicklungsimpuls des Seins schlechthin erkennen wir seinen alles überstrahlenden Wert. Staunen, Ergriffensein und Ehrfurcht – das heißt: unbedingte Bejahung des Seins. Sie überwindet den Wertungsdrang und Klassifizierungstrieb. Sie macht sich nicht abhängig von Einzelaspekten und -merkmalen und deren Verabsolutierung. Sie wird zur Grundlage jeder sich als universal verstehenden Ethik. Diese Bejahung als Empfindung, Erkenntnis und Zuwendung können wir verstehen als universale Form und Erscheinung der Liebe. (vgl. Kruse 1999, S. 79 ff.) Diese Liebe grenzt nicht aus, sie integriert; Humanismus weitet sich zum Universalismus, neigt sich hin zu allem, was lebt – oder genauer: zu allem, was ist. So ist sie unteilbar, wendet sich nur einem jeweils anderen Du aus dem unendlichen Strauß der Schöpfung zu. Als richtunggebend hin zum Leben und zum Tun lässt die Liebe sich verstehen. Sie wirkt als Impuls der ganzen Seele und ist auch in diesem Sinne unteilbar. Sie schließt selbst die Kräfte mit ein, mit denen das Negative hätte getan werden können, und veredelt sie dadurch. In der so verstandenen Liebe begegnen wir einer wahrhaften Reinheit des Herzens, die alles Empfinden und Handeln in die angemessene Richtung führt. Das kann identisch sein mit dem, was Menschen als Gerechtigkeit definieren, und im Idealfall wird es das auch sein. Gleichwohl stehen das Sich-Orientieren und das Tun aus Liebe über jedem Gesetz und jedem Gerechtigkeitsempfinden, wenn diese in eine lebensfeindliche Richtung weisen oder führen können.

Albert Schweitzer hat eine angemessene Formulierung gefunden, als er die Idee der Liebe als einen geistigen Lichtstrahl bezeichnete, »der aus der Unendlichkeit zu uns gelangt«. (Schweitzer 1980, S. 198) Er stammt aus dem Raum des Absoluten und wendet sich dorthin zurück. Die Liebe ist wesenseins mit dem Göttlichen. Wo Liebe lebt, ist das Göttliche präsent – die Liebe zum Du und die Liebe zum Ganzen, als dessen Teil wir das Du nun sehen und lieben. Schließlich kann das Göttliche, kann das Absolute nur durch die Liebe hindurch überhaupt gesehen und erkannt werden.

5.2 Verbundensein und Transpersonalität

Die Bedingungen des Lebens, seine Gesetze, alle Interdependenzen und Verwobenheiten, alle Beziehungen und Bezüge können aus dem großen Lebensnetz, das wir Umwelt und Mitwelt nennen, abgelesen werden, können in ihm als ein Teil erspürt werden. Die alten Dualismen von

Subjekt und Objekt, Geist und Natur, Körper und Seele, Erkennendem und Erkanntem sind als hinfällig längst auch durch die modernen Naturwissenschaften bewiesen. Sie zeigen sich uns heute als aus der jeweiligen Zeit heraus zu verstehende Empfindungs- und vor allem Erkenntnisgrenzen. Was uns die Liebe intuitiv lehrt, können wir auch erkennen – den holistischen Weltzusammenhang, der Spaltungen aufhebt, etwa die in wertes und unwertes Leben. Alles hat seinen Platz, seine Bedeutung und seinen Stellenwert im Lebensraum von Erde und Kosmos. Es gilt nun auch für die Natur und das Sein an sich, was sich bislang allenfalls in zwischenmenschlicher Ethik wiederfand: Achtsamkeit, Verantwortung, Achtung, Respekt, Gerechtigkeit. Diese über die jeweiligen Kulturgrenzen hinausweisenden Universalien beschränken sich nun wiederum nicht auf die Beziehung Mensch – Mensch sowie Mensch – Umwelt und Mensch – sichtbarer Kosmos. Nein, wir stehen vor der Herausforderung der Annahme unserer Partnerschaft mit dem Unendlichen und Transzendenten selbst. Dem Menschen wird seine wachsende Teilhabe an der Schöpfung, am Sein und Werden, am Raum des Göttlichen bewusst. Diese Teilhabe hat keinen Endpunkt, doch sie zielt zunächst auf die Gewissheiten des All-Eins-Seins, die uns in allen mystischen Traditionen der Weltreligionen begegnen. Mit dieser Gewissheit öffnet sich sodann das Fenster der Erkenntnis einen Spalt weiter. Interbeing – alles ist in allem mit allem verbunden, wenn auch auf unterschiedlichen Bewusstseinsstufen. Hinsichtlich der Verbundenheit auch mit dem Göttlichen führt dies den Menschen auf eine sonderbare Reise – bis in die Weiten des Alls und zugleich bis in den letzten Winkel unseres Selbst. Gotteserkenntnis, All-Erkenntnis und Selbst-Erkenntnis zeigen sich als ineinander verflochten, als verbunden, wenn auch nicht identisch. Das Tun und

Handeln stellt sich damit in einen neuen und entgrenzten Raum. Es kommt aus der Verbundenheitserfahrung mit dem absoluten Selbst und hebt die Veranwortung im so genannten Diesseits auf eine neue Stufe. Es zerbricht verschlossene und isolierte Welthorizonte und leistet seinen Beitrag für das schöpferische Werden dieser Welt. Indem der Mensch sich selbst neu entdeckt, schafft er sich neu und wird er zum Mitschöpfer. (vgl. Fox 1991, S. 296 f.)

Die wechselseitige Verbundenheit allen Seins und die Befindlichkeit vor allem im ununterbrochenen Strom der Veränderung nehmen, um dies deutlich herauszustellen, dem Jeweiligen nicht sein Eigensein und sein Besonderes. Einssein meint nicht Gleichheit. Die Anerkennung des Eigenseins in seiner Besonderheit und Einzigartigkeit, auch unter den Menschen, ist das eine. Diese Anerkennung auch in anderen Lebensformen, bei gleichzeitiger Ehrfurcht vor dem ungewussten Möglichen der Entwicklung anderen Lebens, ist das Zweite. Das Dritte liegt in der Respektierung der Totalität und des Zusammenhangs des Seins schlechthin, ohne dabei das Besondere des Eigenseins aufzulösen. Aus diesem Dreischritt vermag im Menschen eine Lebenshaltung zu erstehen, die die Andersheit der Mitlebewesen zur Kenntnis nimmt und akzeptiert, und die die Verschiedenheit, auch unter den Menschen selbst, als notwendig und als Voraussetzung zur Entwicklung annimmt. Das Anderssein im Du der Mitgeschöpfe zu ehren beendet den Rassismus des Menschengeschlechts. Hier liegt unser zentraler Erst-Beitrag zur (unsichtbaren) Solidarität aller Lebewesen untereinander, zur, wie Max Scheler sagt, »Solidarität des Weltprozesses mit dem Werdeschicksal ihres obersten Grundes«. (Scheler 1949, S. 108) Hier wird Solidarität mit den Lebensvorgängen in der Mitwelt zu mehr als einer Ethik des Mitleids mit anderen fühlenden Wesen. Noch einmal: Der kosmische Lebensprozess manifestiert sich in Unterschiedlichkeit als Einheit. Das Anderssein im Ganzen führt zur Entwicklung nicht nur des Einzelnen, sondern auch des Ganzen. Das verbietet bei Anerkennung von Stufungen Werturteile und fordert aus ganzheitlicher Sichtweise die Ehrfurcht auch vor dem kleinsten Geschöpf; Liebe, Mitleid und Fürsorge treten hinzu. Globale Verbundenheit im Bewusstsein des Einsseins kann so gesehen werden als Bewältigung des Andersseins in der erlebten Einheit. Hierin, dies sei nur am Rande erwähnt, liegt auch die spirituelle Berufung des Paarweges in der Partnerschaft von Mann und Frau.

Aus der Empfindung der All-Einheit als Kosmos der wechselseitigen Verbundenheit von Anders-Sein wächst eine ethische Anforderung, die im Buddhismus den Namen Ahimsa trägt. Ahimsa meint Nichtverletzen, Nichttöten, Nichtschädigen. Kein Lebewesen soll bewusst oder absichtlich Leid durch den Menschen erfahren, vielmehr gilt es, sich allem Leben in Liebe zuzuwenden. Ahimsa, das am angemessensten wohl mit »Geist des Nichtverletzens« übersetzt werden kann, richtet sich auf das Ganze; das Ganze, das im Geist, Empfinden, Handeln und Nicht-Handeln in der Allgegenwart des Göttlichen wurzelt. Gleichwohl bleiben Brüche, die ursächlich zusammenhängen mit dem, was Albert Schweitzer die »Selbstentzweiung des Lebens« nannte. Wir können nicht leben, ohne immer wieder auch zu schädigen. Der große Friedenslehrer Mahatma Gandhi, selbst tief im Ethos von Ahimsa verwurzelt:

»Ahimsa ist ein umfassendes Prinzip. Wir sind hilflose Sterbliche, gefangen im Brand der Himsa [Himsa = Gewalt, Anm. d. Autors]. Das Wort, dass ›Leben von Leben lebt‹, hat einen tieferen Sinn. Der Mensch kann nicht einen Augenblick leben, ohne bewusst oder unbewusst nach außen hin Himsa zu verüben. Die große Tatsache seines Lebens – essen, trinken, umhergehen – ist mit einer bestimmten Himsa verbunden, mit Zerstörung von Leben, auch wenn sie noch so geringfügig ist. Ein Anhänger von Ahimsa bleibt seiner Überzeugung treu, wenn die Triebkraft aller seiner Handlungen Mitleid ist, wenn er, so gut er kann, die Vernichtung auch des kleinsten Geschöpfes vermeidet … er wird ständig zunehmen an Selbstbeherrschung und Mitleid.« (Gandhi 1968, S. 146)

Höchste Achtsamkeit im Wahrnehmen, Denken, Reden und Handeln gepaart mit der Herz- und Seelenkraft von Mitempfinden und Mitleid sind das Fundament von Ahimsa. Doch können es gerade Mitempfinden und Mitleid sein, die den Geist des Nichtverletzens in Frage stellen – wenn es um auswegloses Leiden von anderem Leben geht und um den Tod als Erlösung. Gerade wo das Leben als heilig gesehen wird, kann das Töten aus Barmherzigkeit die ethischere Handlungsweise sein als ein absolut gesetztes Tötungsverbot. Albert Schweitzer spricht bezogen auf den Umgang mit Tieren vom Töten »nur aus Notwendigkeit, niemals aus Gedankenlosigkeit« (Schweitzer 1980, S. 194) und gesteht zu, dass barmherziges Töten ethischer sein kann, als davon Abstand zu nehmen. (vgl. Schweitzer 1985, S. 54 f.)

Der Geist des Nichtverletzens bedarf der Offenheit, Vielfalt und Tiefe der Wahrnehmung, damit er sich entfalten und selbst wiederum die Wahrnehmungsvorgänge stimulieren kann. So bleiben wir im Fluss der notwendigen Änderungen und angemessenen Anpassung unserer inneren Bilder, Gedanken, Gebäude und Wertvorstellungen. Wahrnehmung im Geist des Nichtverletzens ist ein bewusster und das Bewusstsein schärfender Vorgang. Sie verbleibt nicht beim Mitleid, sondern führt zum Erkennen. Sie empfängt und erkennt und bestimmt damit schließlich das Maß für das Tun. Sie ereignet sich nicht passiv, sondern sie tritt auf und gestaltet.

Im Geist des Nichtverletzens wird die Wahrnehmung zugleich zu einer Übung in Toleranz. Aus der Perspektive des anderen erkennen wir ihn einerseits als mit uns zugehörig zum großen Netz des Lebens; wir sehen ihn aber auch in seiner Einzigartigkeit und, wie grundlegend wesenhaft unterschieden von mir er sich darstellt – in *seiner* Wahrnehmung, *seinem* Habitus, *seiner* Gesinnung oder auch schon allein in seiner bloßen Existenzform.

Der Wechsel der Perspektive gehört wesenhaft zur Wahrnehmung im Geist des Nichtverletzens. Das schließt immer wieder auch den gleichsam kosmischen Blick auf das Geschehen mit ein. Das Leben aus der Vogelperspektive zu betrachten und zu meditieren, es wie aus der Kanzel eines Raumschiffes heraus anzuschauen und zu verfolgen – das hilft, bei aller Zuwendung zum Gegenüber, die Zusammenhänge nicht aus den Augen zu verlieren, die größeren Gesetze des Lebens und der Entwicklung anzuerkennen und nicht in Mitleid und Sentimentalität zu ersticken.

Beides, die Perspektive des Lebens, das mir gegenüber steht, und die Perspektive des kosmischen Zusammenhangs und Geschehens, erleichtern die für den Geist des Nichtverletzens unabänderliche Notwendigkeit, meine eigene Personalität in der Selbstwahrnehmung, in der vermuteten Fremdwahrnehmung und in den Handlungssituationen zu relativieren. Nur wer in der Lage ist, von der Absolutsetzung seines Ich zu abstrahieren, beugt dem Wahn der egozentrierten Weltsicht und Weltbeurteilung vor, der auf das Ich bezogenen Einteilung in gut und böse, Gegner und Freunde, Höher- und Minderwertiges. Vor dem Urteil, das sicherlich immer wieder unausweichlich scheint, steht die Anerkennung und Annahme des Du, die

Anerkennung und Annahme des Andersartigen als Teil des größeren Gemeinsamen.

Das hohe Gut des Erkennens der Verbundenheit allen Lebens und das Empfinden und Handeln im Geist des Nichtverletzens haben somit auch einen hohen Preis. Es geht um die Transzendierung von Ich und Person, nicht nur zum Göttlichen, nicht nur zum Menschen, sondern eben auch zur kreatürlichen Mitwelt hin. Die Herrschaftsfähigkeit des Menschen bestand und besteht ja in seiner Anthropozentrik, in der Gewohnheit, alles von ihm her, auf ihn bezogen, ihm gegenüberstehend zu sehen, zu klassifizieren und zu bewerten. Ganz im Ich und im Person-Sein verfangen und aufgehend, konnte er sich gar nichts anderes als Zentrum sein. Historisch gesehen war diese Entwicklungsstufe wohl unvermeidbar und sie hat erhebliche Potenziale an Logos- und Bewusstseinskräften freigesetzt. Doch in ihr wurzeln gleichzeitig Blockaden, Ängste, territoriale und geistige Abgrenzungen und die daraus folgende Entfremdung und Destruktivität. Nun gehört sicherlich das Ich-Bewusstsein zu unserem Sein als Menschen. Entscheidend ist seine Rückbindung an das transpersonale oder besser Transzendenzbewusstsein und damit das Sich-Vernetzt- und Im-Dienst-Sehen von Ich und Person. Das Ich wird zur Gefahr als Individualismus und Egozentrismus. Rück- und eingebunden, zugeordnet und transzendental relativiert, bleibt es der jeweilig einmalige Gottesfunke, kann es wachsen in seiner Aufgabe am Ganzen. Mit der Transzendierung, nicht der völligen Überwindung unserer ichhaften Personalität bleiben wir zwar noch immer auf uns als Träger von Handlungen, als Akteur und als Beobachter unserer Mitwelt inklusive unserer selbst bezogen. Wir können einen Grundbestand an Anthropozentrik gar nicht hinter uns lassen. Doch unsere Rolle und Funktion im Weltprozess bestimmt sich neu.

Auch wenn nicht alles Leben für den Menschen da ist und wohl auch ganz gut ohne ihn auskäme, hat er als zum Bewusstsein gelangte Schöpfung, individuell und gattungsbezogen, eine besondere Stellung, die auszufüllen noch vor ihm liegt. Den Vorbehalt immer mitbedacht, dass wir wenig über das Bewusstsein und die Bewusstseinsfelder anderer Lebensformen wissen, scheinen wir für die Evolution der Schöpfung am Übergang zwischen der Wahrheit des Diesseits und der Erkenntnis des Jenseits, zwischen Immanenz und Transzendenz, zwischen Verhaftetsein und Sehnsuchtsdrang zu stehen. Bewusster Teil der Lebensprozesse auf dieser Erde sein und sich ihnen dienend zuwenden, aber auch zu erkennen, dass es Orte und Prozesse gibt, wo wir nicht hingehören, wo wir nichts zu suchen und nichts zu finden haben, das macht die eine Seite unseres Daseins aus. Sich geistig zu entwickeln, das Göttliche zu suchen und ihm den Raum zu verschaffen, der ihm gebührt, das charakterisiert die zweite Seite. Die Einheit beider verdient den Namen Fortschritt, in dieser Einheit verschmelzen biologische und kulturelle Evolution.

5.3 Die Einheit von Erkenntnis, Ethik und Spiritualität

Entwicklung verlangt Bewusstheit

Evolution verläuft nicht gleichförmig. Dies gilt für die Menschheit in besonderem Maße. Jeder Menschengeist repräsentiert eine eigene Wesenheit, einen eigenen Entwicklungsstand und eine spezifische Trägerschaft bzw. Repräsentation von Kultur – auch wenn das Eingebundensein in kulturelle/geistige Felder Vorgaben macht und Markierungspunkte setzt. In seiner Bewusstseinsfähigkeit und seinen geistigen Potenzialen und damit seiner Entwicklungsfähigkeit liegt der besondere Auftrag für jeden Menschen – und zwar bezüglich seiner selbst und in Bezug auf das Leben und das Sein schlechthin. An dem Erkennen, der Annahme und der Erfüllung dieses Auftrages hängt die Zukunft unserer Gattung, wobei mit den selbst verursachten Gefährdungspotenzialen auf dieser Erde die Dringlichkeit dramatisch steigt. Wir sind zur Entwicklung verdammt. Ein weiteres Kreisen in Wunschperspektiven, die nur das Ich im Blick haben oder eine bestimmte Gemeinschaft, einen einzelnen Staat oder eine Kultur und die sich aber den Erfordernissen des Lebensnetzes insgesamt verweigern, wäre ein Kreislauf hin zu unserem Verschwinden. Wir können uns dieser Einsicht nicht entziehen, auch wenn wir gleichzeitig registrieren müssen, dass große Teile der Menschheit aus den unterschiedlichsten und oft nachzuvollziehenden Gründen sehr weit von dem entsprechenden Erkennen und den angemessenen Konsequenzen entfernt sind.

Selbstreflexion steht immer wieder in jeder Entwicklungsphase am Ausgangspunkt. Selbstreflexion stellt die Voraussetzung dar, um unser Eingebundensein zu verstehen; das Eingebundensein in den universalen Charakter des Lebens und des Lebenswillens. Diese Selbstreflexion weist und führt über uns und über das Vorhandene hinaus. Sie erschließt im Erkennen neue Denk- und damit Handlungsdimensionen. In der Selbstreflexion nehme ich meine Lebensberechtigung, meinen Lebenswillen und meine Entwicklungsfähigkeit wahr. Als sich selbst erkanntes Leben kann ich sie so auch anderem Leben zubilligen. Aus der Selbstreflexion ersteht Selbstrespekt, die Voraussetzung für den Respekt gegenüber dem anderen Leben, ja dem Lebens- und Seinsvorgang an sich. Das Denken und das Erkennen vermögen den auf mich selbst bezogenen Willen zum Leben und zum Handeln, den Willen auch, Glück und Zufriedenheit zu erfahren, zu entgrenzen, ihn zu einem kosmischen Lebenswillen zu verfeinern. Ich vermag dies nicht zuletzt dadurch, dass ich mich als Teil des anderen Lebens erkenne, wie Albert Schweitzer es eindringlich beschrieben hat:

»Und du vertiefst dich ins Leben, schaust mit sehenden Augen in das gewaltige, belebte Chaos dieses Seins, dann ergreift es dich plötzlich wie ein Schwindel. In allem findest du dich wieder ... überall, wo du Leben siehst – das bist du!« (Schweitzer 1995, S. 209)

Vor diesem Erkennens- und Empfindungsakt aber warten hohe Hürden. Hier liegt etwa das Ringen der Geisteskraft mit instinktiven, emotionalen und auch gesellschaftlichen Potenzen, die sich nur auf das Partielle ausrichten. Dadurch, dass sie mit der Befriedigung im Moment zufrieden sind, verdrängen sie die Erfordernisse des Ganzen aus dem Horizont. Sie verdunkeln damit eine Wahrheit, die mehr ist als die Wahrheit des kleinen, selbstbezogenen und momenthaften »Glücks«.

Das Erkennen und unsere Bewusstheit bestimmen den Grad unserer Freiheit. Es gibt keine Freiheit ohne Erkenntnis und ohne die Reflexion unserer Willensakte und der expliziten und impliziten Begründungen unseres Tuns. Nur mit steigender Bewusstheit kann die Freiheit steigen – die Freiheit, zu entscheiden, zu handeln und sich zu verhalten, zu tun und zu lassen. Diese Freiheit entsteht erst durch die im Erkennen vorgenommene Respektierung der Freiheit auch des anderen Menschen und anderen Lebens. Sie ist selbstbewusst, aber nicht selbstzentriert oder gar selbstsüchtig. Es ist die einzige Freiheit, die diesen Namen verdient, die, die befähigt, aus den Annäherungen an Wahrheit den Mut zur entsprechenden Antwort aufzubringen. So gesehen auch wird die Bewusstheit zur Formkraft dessen, was wir den Charakter nennen. Denn er muss sich in jeder lebendigen Situation mit ihrer Einmaligkeit bzw. Besonderheit, für die es keine bereitliegenden Antworten gibt, jeweils neu herstellen und beweisen. In einer Lebensführung, die die Arbeit an der Bewusstheit und die Steigerung der Reflexivität in ihrem Zentrum hält – gerade auch in Lebenskrisen –, geschehen Selbstbildung, Selbstgestaltung. Sie wird zwar unausweichlich immer hinter den Möglichkeiten zurückbleiben, die an sich existieren, doch gilt es, die erkannte Differenz zwischen dem Ideal und der Lebenswirklichkeit schrittweise zu reduzieren. Hierin liegen die besondere Aufgabe und die besondere Verantwortung eines jeden Menschen – kulturübergreifend –, der das Privileg hatte, mit geistigen Fähigkeiten ausgestattet, diese durch anspruchsvolle Erziehung und Bildung zu entwickeln und zu verfeinern.

Integrale Wahrnehmung als Basis ganzheitlicher Spiritualität

Im Geist, im Denken und in der Bewusstheit liegen die Ursprünge für das Handeln. Hier entwickelt sich alles fort und fort und gelangt zur Handlungsreife – selbst der impulsive Akt der emotional gesteuerten Tat. Gedanken stellen wirkliche und wirkende Tatsachen her, sind Wirklichkeit und schaffen diese. In den unsichtbaren Feldern menschlicher Gedankenwelten entstehen somit auch die Geburtsstationen des Zukünftigen. Und hier liegt die Quelle des Wandels. Mit aus eigener Denkleistung erworbener Einsicht tasten wir uns zur Empfindung des Einsseins und zum Geist des Nichtverletzens vor. Im Denken können wir ein schwankendes Gemüt kontrollieren und Emotionen lenken. Aus dem Denken erwächst jedes Ethos, das mehr als bloße Empfindung ist. Aus dem Denken und im Denken geht die reine Gottessehnsucht in Spiritualität über.

»Ethisch werden heißt wahrhaft denkend werden.« (Schweitzer 1995, S. 232) Banal klingt diese Aussage Albert Schweitzers und doch aktueller denn je in einer Zeit, in der das Denken zu industriellem Denken zu verkümmern droht und zurückfällt selbst hinter die scholastische Einsicht, dass die maß-gebende aller Kardinaltugenden die Klugheit ist. Denn die aus ihr kommende Erkenntnis erst macht das Tun gut. Erst aus dem Geist, der sich zur Unterscheidung befähigt hat, entspringt Gerechtigkeit. Mit der Erkenntnis und Bewusstwerdung eines Wertes wächst die innere Anforderung, ihn zu verwirklichen. Und hier erst entsteht Schuld; nämlich in dem Verschließen der Augen vor einem Leid, einer Ungerechtigkeit und im entsprechenden Nichthandeln wider besseres Wissen und Erkennen.

Den Primat der Denkerfordernis bezüglich des ethischen Tuns zu betonen sollte nicht missverstanden werden als ein Versuch, die Qualität ethischen Seins in Beziehung zum Grad der so genannten Intelligenz zu setzen. Vielmehr geht es um die Einsicht in die Ganzheitlichkeit der vom Denken gesteuerten Lebensvollzüge. So stehen Denken und Wahrnehmung in einer eng verflochtenen Wechselbeziehung. Sowohl die sinnliche (sehen, hören, riechen, schmecken, tasten) als auch die übersinnliche und intuitive Wahrnehmung können sich zwar prinzipiell ohne die Einbettung in Sprach- und Denkprozesse ereignen, und dies geschieht erfahrungsgemäß auch regelmäßig in unserem Alltag. Die Kategorisierung, Klassifizierung, Bewertung und die gefühlsmäßige Zuordnung von Wahrnehmungen beruht jedoch auf Denkvorgängen und begrifflicher Benennung. Erst der geistige Umgang mit dem Wahrgenommenen bestimmt dessen Bedeutung. Und die

Bedeutungen, die wir verteilen, wirken steuernd, selektierend und prägend für zukünftige Wahrnehmungen. Unangenehmem und Schmerzvollem etwa trachten wir aus dem Weg zu gehen oder es zu verdrängen; Vertrautes hat eine höhere Chance, die Wahrnehmungsschleuse zu passieren, als das Ungewohnte. Menschen sind – auch in ihren Wahrnehmungen – zumeist Gewohnheitswesen. Gewohnheiten steuern jedoch nicht nur die Wahrnehmung, ihre Einflüsse greifen tiefer. Wer das Sehen nicht denkend trainiert, sieht nur oberflächlich. Er nimmt eine Blautönung wahr, wo ein geübter Färber von Textilien zig verschiedene blaue Farben voneinander zu unterscheiden vermag; er sieht einfach nur Schnee, wo ein Eskimo eine präzise Bestimmung von Farbe und Beschaffenheit vornimmt. Auch wer das Hören nicht bewusst trainiert, hört nur oberflächlich. Hört aus dem Gezwitscher der Vögel den Gesang der Amsel nicht heraus, und in dem monotonen Lärm des Verkehrs dringt das Säuseln des Windes nicht an sein Ohr. Entsprechendes gilt für Geschmack, Geruch und Tastgefühl. Entsprechendes gilt aber auch für unsere inneren Wahrnehmungsorgane, für die »Augen« und »Ohren« von Seele und Herz. Es gilt schließlich für das Zusammenspiel von äußerer und innerer, sinnlicher und intuitiver, partieller und ganzheitlicher Wahrnehmung.

So wie Kopf und Herz also zusammengehören, so auch Kopf und Spiritualität. Als in diesem Leben nie abzuschließender Suchprozess bedarf gerade die gelebte Gottessehnsucht ihrer Reflexion und Bewusstwerdung – nicht zuletzt, um die Suchbewegungen als solche zu erkennen und Zwischenerfahrungen nicht als Finale misszudeuten. Norbert Copray nennt vier Kriterien der Spiritualität, die alle hohe Bewusstheit voraussetzen. (vgl. Copray 1999, S. 223)

1. Heilsamkeit als Spiritualität aus heilsamem Geist. Der Mensch erkennt sich in all seinen Unzulänglichkeiten und Verletzungen und lernt den Umgang mit sich selbst.
2. Entfaltung als Spiritualität aus schöpferischem Geist. Der Mensch entdeckt und erkennt seine Anlagen, er nimmt die Fülle des Lebens wahr und verhilft ihr zur Geburt.
3. Bewahrung als Spiritualität aus bergendem Geist. Der Mensch sieht die Kontingenz des Lebens und arbeitet an den Chancen der Lebenserhaltung.
4. Befreiung als Spiritualität aus der Freiheit des Geistes. Der Mensch gibt der Sehnsucht nach Freiheit und Selbstbestimmung Raum und Entwicklungsmöglichkeit.

Wahrnehmung und Erkennen steuern demnach Suchbewegung, Erfüllung und die Gewissheit der Geborgenheit. Sie fundamentieren das bloße Empfinden und sichern es zugleich ab gegen die seelischen Schwankungen, denen sich unser Leben ausgesetzt sieht. Spiritualität und Religiosität werden denkend begriffen. Auf diesen hohen Stellenwert des Geistes verweisen nicht zuletzt immer wieder Schlüsselaussagen im Selbstverständnis der großen Religionen. Erinnern wir uns an das Nicht-Erkennen als Ursache allen Übels im Buddhismus und das christliche Selbstverständnis, dass der Geist den Zugang zum Göttlichen herstellt. Und der Geist in seiner reinsten Form als heiliger Geist genießt alleine absoluten Rang, wie aus dem Matthäus-Evangelium spricht:

»Jede Sünde und Lästerung wird dem Menschen vergeben werden, aber die Lästerung gegen den Geist wird nicht vergeben.« (Matthäus 12,31)

Mit den Gaben des Geistes wird der Mensch zu der ihm

möglichen Erkenntniskraft und der ihm möglichen Achtsamkeit geführt. Wobei es gerade das Denken und die Reflexion des Denkens sind, die ihn sodann mit den Grenzen des Denkens konfrontieren und in eine spirituelle Haltung der kontemplativen Zuwendung führen. In dieser Haltung liegt auch ein Empfangen, das nicht mehr denkend gesteuert wird. Beides gehört für erfüllte Spiritualität zusammen, steht sich nicht entgegen. Denken und Mystik ergänzen sich im Begreifen der Welt und des Kosmos. Im Zusammenspiel führen sie uns zu höchsten Aufmerksamkeits- und Achtsamkeitsleistungen. Im Zusammenspiel überwindet das Selbst, das sich erkannt hat, seine denkenden Grenzen. Im Zusammenspiel bringt der Geist die uns mögliche irdische Gerechtigkeit mit dem Göttlichen in eins.

In der verwissenschaftlichten Welt der Gegenwart sind wir von dieser Einsicht weitgehend entfremdet worden. Höchstgradige Arbeitsteilung und eine fortschreitende methodische Verfeinerung bewirkten einen enormen Zuwachs messbaren und in mehr und mehr Details sich erweiternden Wissens. Letztlich befindet sich dieses jedoch auf einem unbefriedigenden Niveau. Denn das, was sich dem empirischen Blick nicht erschloss, galt und gilt wissenschaftlich als nicht existent. Es zeigt in sich die verheerenden Folgen der Abkehr von der Universitas als Gesamtheit, festzumachen an der Abtrennung von Ethik, Spiritualität und auch Kunst vom wissenschaftlichen Prozess und dem wissenschaftlichen Selbstverständnis. Blockiert wurde damit eine dem Geistigen, Künstlerischen und Ästhetischen zugewandte Weiter- und Höherentwicklung der Erkenntnisfähigkeiten, zu denen wir neu aufbrechen müssen. (vgl. Eurich 2000, S. 161–191)

Tiefe Ethik ruht in freier Spiritualität

Das Scheitern ethischer Konzeptionen und Entwürfe, die abgekoppelt sind vom spirituellen Weltzugang, ist vorbestimmt. Ethik als bloßer Reaktion auf menschliche Unzulänglichkeiten und als Abwehrmechanismus gegen individuelle, soziale und gesellschaftliche Fehlentwicklungen fehlt der Sinnhorizont, der über die Mauern des Gegenwärtigen und Aktuellen hinausweist. Ihr fehlt die Begründung über die Zeiten, und vor allem kennt und erkennt sie nicht den Impuls des ganzen Lebens, in dem Menschliches und Göttliches sich verbinden. Ihre Heimat ist das bloße So-Sein im Hier und Jetzt – und dessen Grenzen sind ihre Grenzen.

Allerdings gilt es auch, das unausweichliche Scheitern eines Ethos zu registrieren, das sich zwar spirituell begründet sieht, Spiritualität sich aber erschöpfen lässt in der Engführung, Abgrenzung und Unerbittlichkeit eines religiösen Systems. Jegliche Fundamentalismen der Gegenwart – gleich aus welcher Tradition sie stammen – sind dafür beredte Zeugen. Spiritualität als wie auch immer sich entfaltende Beziehung zum Raum des Göttlichen – personal und/oder in einer Gemeinschaft –, die keinen Entfaltungs- und Entwicklungsspielraum aufweist und der damit die Freiheit fehlt, sollten wir nicht als »Spiritualität« bezeichnen. Und ihre Ethik verkümmert zur angstbesetzten oder überheblichen, sprich blinden Moral.

Es gilt also wohl der Satz, dass Ethik und Sittlichkeit der spirituellen Umsetzung bedürfen, um nicht vom Leben entfremdet zu werden oder es gar zu verlieren, und damit den Menschen. Es gilt gleichzeitig auch, dass eine ganzheitliche Ethik, die sich geborgen sieht in einer ganzheitlichen Spiritualität, eine freie Ethik ist. Geboren wurde sie aus einer freien Spiritualität. Denn Ganzheitlichkeit meint Freiheit, meint Prozess, meint Entwicklung.

In der Verschmelzung von Spiritualität und Ethik verschmilzt die Sehnsucht nach dem Unendlichen, nach dem Grundimpuls des Seins und Werdens mit den Erfordernissen und Möglichkeiten und Sehnsüchten in der Zeit. Aus der spirituellen Ethik sprechen eine grundlegende Lebensbejahung und der Wille, dieser ein frohes und schönes Antlitz zu geben. Aus der Beziehung der Person zu dem Absoluten, zu dem Grundimpuls des Seins, dem Göttlichen, erwachsen die ethischen Koordinaten. Die Relevanz dieser Beziehung findet Ausdruck in der Entscheidung, im Tun und Nichttun zur rechten Zeit. Das innere Wesen des Menschen, das zur Lebenshaltung und zu Handlungsimpulsen führt und sie prägt, offenbart und entfaltet sich in seinem Reichtum in der Erkenntnis des Einsseins. Es geht auf in der geistigen Verbundenheit mit dem kosmischen Lebensstrom und der entsprechenden inneren Empfindung. Die innere Stimme, unser so genanntes Gewissen, erhält ihren vollen Klang erst durch diese Einheit. Sie macht aus dem kleinen Ich ein kosmisch vernetztes Selbst. Sie allein kann in ein inneres Gleichgewicht und in einen inneren Frieden führen, der dann auch den äußeren nach sich zieht. Wie sollen Gleichgewicht und Frieden im Größeren entstehen, wenn sie in uns noch nicht verwirklicht sind? Wie können wir uns heilend der Entzweiung des Lebens zuwenden, wenn wir uns selbst noch unerkannt und uneins sind?

Die Spiritualität macht den Menschen lebendig und lebensnah. Der geistige Raum, zu dem er sich in Beziehung stellt und der ihn erfüllt, macht sein Tun wahr von innen her. In ihm findet er den Halt, den zeitgebundene Institutionen, Regeln und Orientierungen nicht geben können. In ihr widerfährt ihm die Berührung, die die Absolutsetzung seiner Individualität und seines Privaten auflöst. Der irdische Mensch erhält eine Ahnung seiner kosmischen

Teilhaftigkeit. Im Atemraum des Absoluten fallen die Grenzen zwischen Ethik und Spiritualität, ja sie lösen sich als reine Konstruktionen auf. Ethik erweist sich als Mystik und Mystik erscheint sinnlos ohne das geisterfüllte Tun. Die Spiritualität führt den Menschen zur neuen Praxis, in der sie sich selbst beweist und bewährt. Aus ihr stammt die letzte Kraft, die uns hingabefähig macht, auch über das eigene Leben und dessen Erhalt hinaus. Man nannte das in alten Tagen die Tugend der Tapferkeit. (vgl. Pieper 1934) In der Wahrnehmung des Einsseins allen Lebens können wir sie heute entsprechend entgrenzt sehen und müssen wir sie entsprechend sehen. Ethisches Sein im Angesicht des Absoluten und in der Geborgenheit des göttlichen Raums ist Ethik des Einsseins. Das Durchscheinen des Absoluten in allem Leben bestimmt ihren Horizont und lässt uns im Nächsten das Ganze sehen und erkennen.

Die Geschichtlichkeit von Ethik und Spiritualität

Geistgewirktheit und das Geistige selbst widersprechen jeglicher Statik und jeder aus Endlichkeitsempfindungen resultierenden Engführung oder gar Festschreibung. Begegnen wir solchen Festschreibungen, so können sie als Ausdruck einer Zeit mit ihren Möglichkeiten und Grenzen gesehen werden. Jede geschriebene Ethik und jede in Worten umschriebene oder in Ritualen gefasste Spiritualität sind somit geschichtlich zu sehen und zu interpretieren. Dies gilt unabhängig von den immer mitschwingenden überzeitlichen Anteilen und Gehalten, die zahlreiche, auch größere historische Phasen überdauern. Nicht zuletzt die Bibel als die Geschichte des Weges eines Volkes steht hierfür als herausragendes Beispiel, ebenso die Veden und der Koran. Haben wir einmal das Sein an sich und darin die Entwicklung des Menschen und jedes Individuums als Prozess erkannt, als etwas, das im Werden und in der Veränderung begriffen ist, so kann dem nicht eine als unwandelbar behauptete Ethik gegenüber gestellt werden. Genauso wenig wie eine als zeitlos behauptete Spiritualität. Der Anspruch liegt in dem freien und kreativen Umgang mit der komplexen Wechselbeziehung von notwendigem Bestand/notwendiger Konvention, situationsbezogener Flexibilität, dem Bemühen um ein Verständnis des anderen und einer Offenheit sowie Empfänglichkeit für geistige Impulse, die aus der Annäherung an den Raum des Transzendenten resultieren. Dieser Anspruch kann immer nur – auch wenn er in den Weg einer Gemeinschaft eingebunden ist – personal verwirklicht werden. Diese Verwirklichung geschieht in der gelebten Beziehung des Einzelnen zum Du des Mitmenschen, zum Du der Mitlebewesen, zum Du des Selbst und zum Du des Transzendenten. Dies verdeutlicht unausweichlich, dass die Frage nach der Beziehung von Ethik und Spiritualität und nach ihrem Ausdruck in Lebensvollzügen eine Frage nach unterschiedlichen Entwicklungsniveaus ist, auf denen sich die Menschheit insgesamt und auch jeder einzelne Mensch befinden. Und es liegt ein Ausdruck höchster Kultur in der Fähigkeit, zum einen diese Differenzen zu sehen und sie zu respektieren und zum anderen doch an dem Prozess einer Höherentwicklung und ihrer Förderung aktiv mitzuwirken. (vgl. dazu Wilber 1984 und 1996) Ethik und Spiritualität meint dann für den Einzelnen, sich mit den eigenen Möglichkeiten, mit den ihm möglichen Haltungen, Entscheidungen und Handlungen zu konfrontieren und aus der Möglichkeit Wirklichkeit zu formen – im Geist des Nichtverletzens, der Liebe und der Klarheit. Ethik und Spiritualität als Prozess in der Ausrichtung am Du des Mitmenschen, der Mitlebewesen, des Selbst und des Göttlichen haben im Rahmen der vorhandenen Möglichkeitshorizonte immer zugleich Dimensionen des Sozialen, des Ökologischen, des Psychischen und des Religiösen. Auch diese Dimensionen bilden durch alle Unterschiedlichkeit hindurch ein Feld der Verbundenheit. Es formt die Person immer während neu, gibt ihr Gestalt und Individualität und schenkt durch seine Ganzheit eine ganzheitliche Empfindung dessen, was wir Glück und Zufriedenheit im höheren Sinn oder gar Seligkeit nennen. Dorthin zu führen bzw. den Weg unterstützend zu begleiten ist der Auftrag von Erziehung und Bildung. Es geht um den je persönlichen Entwurf eines gelingenden Lebens in der Verbundenheit mit anderen Lebensströmen. Es geht um die Gestaltwerdung eines persönlichen Ethos und einer persönlichen Spiritualität, die sich selbst Maßstab wird und bleibt. Ihr wird dies möglich durch die Rückbindung an das, was die Person überzeitlich übersteigt und was sie selbst transzendiert. So wird die Herrschaft des Faktischen unterbrochen, so wird es dem werdenden Menschen möglich, dass ihm wieder die Stunde der Freiheit schlägt und die ihm eigen gewordene Kreativität die kleinbürgerliche Moral überwindet. Diese Freiheit ist durch ihre vielfältige Rückbindung sensibel für die Endlichkeit des Menschen und die Grenzen seiner Machbarkeit. Sie will auch gar nicht Machbarkeiten dienen, sondern der Hinwendung zu dem Leben, das leben will, inmitten von Leben, das leben will. (Albert Schweitzer) Diese Freiheit will errungen werden, und der Einzelne steht in der personalen Verantwortung dafür, ihr Möglichwerden im Rahmen seiner Möglichkeiten zu fördern. Nicht aus Furcht vor einer strafenden Allmacht soll dies geschehen, sondern aus Liebe, nicht unter dem Druck der Befolgung von Gesetzen, sondern ihrer Erfüllung, wenn sie dem Ganzen dienen.

Dieser Prozess ist als persönlicher Prozess selbstredend

eingebunden in soziale und gesellschaftliche Strukturen und Prozesse. Um ihn zu bewältigen, benötigen wohl die Gesellschaften auf dieser Erde eine ihrem Entwicklungsstand angemessene Diskursstruktur, die die Vielfalt der menschlichen Ausdrucksformen bezüglich aller Ebenen des Seins zulässt und integriert. Die Zukunftsfähigkeit des Menschengeschlechts hängt mit ihrer Bereitschaft, an einer solchen Kultur auf allen Ebenen zu arbeiten, auf Gedeih und Verderb zusammen. Dies reicht vom Umgang mit mir selbst in meinen Widersprüchlichkeiten über die vertrauten Lebensweltkollektive bis hin zu Staaten und der organisierten Weltgemeinschaft.

Zur Freiheit gehört Notwendigkeit

Die Liebe zum Sein in seinen immanenten und transzendenten Dimensionen; Bewusstsein, Erkenntnis und Achtsamkeit; eine spirituelle Verwurzelung aller Geistes- und Gefühlsregungen und der Seinsorientierungen; die Annahme unseres Seins als im umfassenden Sinn frei – setzt man diese Kriterien, stellt sich keine Frage mehr nach der Moral und einer Sittlichkeit, die ihren Ausdruck in Geboten und Verboten findet. Was zu tun und was zu lassen sich anbietet, spricht aus der Situation und ihrem Platz im Lebensnetz.

Um an dieser Stelle einem Missverständnis und einer libertären Fehldeutung vorzubeugen, soll eine Selbstverständlichkeit doch deutlicher angesprochen werden. Zur Freiheit gehören Notwendigkeiten. Freiheit und das Muss bilden keinen Widerspruch. Vielmehr zeichnet gerade die wirkliche, weil verantwortete Freiheit aus, dass sie sich Notwendigkeiten des Ethischen und dadurch der Vernunft beugt. (vgl. Mynarek 1967, S. 306–314) Schließlich müssen wir anerkennen, dass zwischen die Idee der Freiheit und ihre alltägliche Verwirklichung immer ein

Schatten fällt. Strukturelle Zwänge, schwankendes Bewusstsein und blinde Flecken der Erkenntnis, gefühlsmäßige, emotionale Verstrickungen sowie immer wieder eine lähmende Trägheit reduzieren die Vision der Freiheit zu einem Schein. Und dann schlägt noch immer die Stunde der Normen und Gebote. Dann müssen wir noch immer anerkennen, dass Kulturen sich ohne sanktionierte Schranken in vielen Lebensbereichen nicht organisieren und nicht regeln können. Normen reduzieren dann die Handlungsvielfalt und geben Bahnen der Entwicklung da vor, wo der innere Impuls und die innere Klarheit fehlen, sich ethisch begründet frei zu entfalten.

Verbindliche Normen stiften ein Mindestmaß an gemeinschaftlicher Orientierung, Verantwortung und Verlässlichkeit. Sie bieten als Übergangsgewissheiten Halt und fundieren, ja ermöglichen oft erst Entwicklung zu dem, was wir das Gute, das in Freiheit erkannt und gelebt wird, nennen. Schließlich stellen sie eine Grundabsicherung bzw. einen gewissen Schutz vor Übergriffen immer dort dar, wo es um die Verwirklichung ethischer Lebensentwürfe geht. Das »Niedere«, der Normierungsbedarf, schützt den Entwicklungsraum für das »Höhere«, ein ethisches Sein in Freiheit. Allgemein respektierte Normen ziehen gerade in der Gegenwart einer abdriftenden Individualisierung noch Grenzen. Es sind die Grenzen, die sich zum einen aus der wechselseitigen Anerkennung und Respektierung ergeben. Sie sprechen aber auch aus der Einsicht, dass die Selbstverwirklichung und das durch sie eingeforderte Maß an Freiheit eine Verwirklichung im Rahmen zahlreicher anderer Verwirklichungsbestrebungen, mit denen ich direkt und indirekt verbunden bin, ist. Für Menschen erscheint uns dies aus kulturellen, geschichtlichen und emotionalen Gründen einsichtig. Als wechselseitige Anerkennung anderer Lebensformen, die allerdings von uns ausgehen muss, gilt es ein entsprechendes Verständnis erst noch zu entwickeln. Wechselseitige Anerkennung setzt Respektierung der Bedürfnisse und der Lebensäußerungsfreiheit genauso voraus wie eine Achtsamkeit im Hinblick auf die Verletzlichkeit des anderen.

Die in jeder Gegenwart der menschlichen Kultur notwendigen Normen mindern das Chaos und bemühen sich, ein Überleben in relativem Frieden zu gewährleisten. Aber sie stehen selbstverständlich nicht für ein letztes Telos. Insofern befinden sie sich in jeder lebendigen Situation auf dem Prüfstand. Wo wir das – und damit unsere Einsichtsfähigkeit in den Wandel gelebter Verantwortung – reduzieren oder aufgeben, werden Normen destruktiv für ein sich entwickelndes Sein. Dann wird zur Maxime und damit zur Gewohnheit, was doch nur Lotse in einer schwierigen Passage der Entwicklung in der Kultur sein will und soll. Normen und auch moralische Orientierungen befinden sich als Setzungen in der Zeit für eine Zeit quasi naturhaft im Übergang. Der Übergang steht für ihr Wesen. Und aus diesem Grund gehören ihre Generierung, ihre Formulierung, Prüfung und Veränderung in das Zentrum einer Diskurskultur. Dort sind sie im Feuerwerk sich wandelnder menschlicher Motivlagen und Einsichten immer wieder neu zu verhandeln. Nur aus der Offenheit und Verbindlichkeit einer Diskurskultur kann intersubjektive Geltung entstehen und damit ethisches Verhalten, ja Pflichterfüllung.

6 Das Einssein und das Religiöse

Die wechselseitige Verbundenheit von Ethos und Spiritualität, von Freiheit und Verantwortung sowie von Personalität und dem Einssein aller Lebensimpulse stellt die Frage nach der Bedeutung des Religiösen neu. Dabei erscheint zunächst weniger der Blick auf Religion als verfasstes System in seiner historischen Gewordenheit relevant als vielmehr die Zuwendung zum Ausgangsimpuls. In den Wurzeln liegt die Kraft für das Wachstum verborgen; in der Klarheit des ursprünglichen und noch ungebrochenen Wortes ruhen die Möglichkeiten, die durch den Gang durch die Geschichte verschüttet wurden.

6.1 Der Weg, die Wahrheit und das Leben

»Die objektive Norm, die das Christentum verkündet (…), ist die Summe dessen, was ein Mensch grundsätzlich werden soll und kann … Aber er muss grundsätzlich als Christ zugeben, dass es immer im Dasein hier und jetzt diese Differenz gibt – die der Mensch nach oben zu überwinden hat – zwischen der Trägheit seines Geistes, zwischen seinem Egoismus einerseits und dem Licht der Wahrheit, der Liebe, der Treue, der Selbstlosigkeit andererseits … In der konkreten sittlichen Situation ist der Mensch immer gefragt, ob er offen sein will für jene innerste Geöffnetheit des Daseins auf Gott hin oder nicht.« (Rahner 1984, S. 394)

Mit diesen Worten umschrieb der große katholische

Theologe Karl Rahner die an sich bestehende Grundanforderung an jeden Menschen, der sich Christ nennen mag. Diese Grundanforderung klingt radikal, und sie ist es – gerade durch den Verweis jeder konkreten Situation an die innere Ausrichtung auf die letzte Instanz, das Göttliche. In dieser Zuspitzung geschieht jedoch nichts weiter, als dass das formuliert wird, was die Essenz des Lebens und der Lehre des Mannes aus Nazareth ausmachte.

In der Bergpredigt (Matthäus 5–7) konfrontiert Jesus die Menschen mit einem bedingungslosen Zuspruch in den Seligpreisungen. Er stellt sie aber auch vor bedingungslose Forderungen. Im Gegensatz zur Ethik der Propheten, die aus der Zeit für eine Zeit gesehen werden müssen, nimmt er dabei keine Rücksicht auf das, was wir als unmittelbar möglich bezeichnen. Er verkündet eine Utopie, spricht vom Ziel unseres Werdens und hält sich nicht mit den Arrangements auf, mit denen Menschen alleine glauben, lebensfähig zu sein und zu bleiben. Mauern, die mit diesen Arrangements verbunden sind, reißt er ein. Mauern des Legalismus, Mauern der Wertigkeit zwischen den Menschen, Mauern zwischen sakral und profan. Wir finden in seinen Worten und Taten keine Ethik, kein Programm, sondern die Zuwendung zu dem, was er in der Liebe als den Willen Gottes erkannte – über alle Gebote hinaus.

Die Authentizität und Kraft des jesuanischen Wirkens stammen aus seiner unmittelbaren Gottesbeziehung. Sie wurzeln in der kontemplativen Kommunikation mit dem »Vater« genannten göttlichen Du. Sie sind also aus einem mystischen Weltzugang geboren und nicht vernunftbezogene Auseinandersetzung mit Texten, Geboten und Strukturen. Genau das ließ ihn ja letztlich auch an einer Welt scheitern, die Gott weitgehend auf Gebote und Rituale und die damit verbundenen »Sicherheiten« reduziert hatte.

Die Unmittelbarkeit und das In-Eins-Sehen des Göttlichen mit der Welt schon jetzt überwinden in den Lehrreden Jesu auch jede künstliche Distanz zwischen ihm und seinen Zuhörern. Er bezog ein, nahm in das Geschehen mit hinein und spitzte alle Anforderungen zu auf einen Wandel des Herzens, der sich aus der bedingungslosen Bejahung der Welt ergibt. (vgl. Fox 1991, S. 104–113) Als herausragendes Beispiel hierfür steht die Szene, die bei Johannes geschildert wird (8,1–11). Eine Frau, die die Ehe gebrochen hatte, wurde zu Jesus gebracht – mit der Anforderung an ihn, sich der gebotenen Steinigung nicht zu verweigern. Das Gesetz gab in diesem Fall klare Auskunft, die Situation war zugespitzt. Jesus löste sie auf, indem er ein Streitgespräch umging und durch sein Verhalten Besinnung in die Runde der versammelten Menschen brachte. Er malte Zeichen in den Sand und sprach nur einen Satz: »Wer von euch ohne Sünde ist, werfe als Erster einen Stein auf sie.« Das starre Gesetz war damit gebrochen. Der Blick eines jeden wandte sich unweigerlich von der Frau auf sich selbst. Jeder sah sich auf sein Leben und sein Denken und sein Empfinden und seine Träume und unerfüllten Sehnsüchte zurückverwiesen. Achtsamkeit, Empathie und Liebe zum Leben waren in diesem Moment der Handlungsimpuls. Statt über einen anderen zu richten, führte die Umleitung des Blicks auf das Selbst zum Verstehen.

Diese biblische Szene ist ein Gleichnis für die Beziehung von Ethik, Norm und Freiheit. Das Gesetz tritt hinter der Liebe zurück, die möglich wird durch die Befreiung zur Freiheit, die Jesus vornimmt. Die Freiheit in Gott schafft den Raum, nicht länger der Ordnung, sondern dem Leben zu dienen. In ihr löst eine Angst sich auf, die lähmte, und mit der Angst vergehen die Autoritäten der Macht. Gleichwohl wird dadurch das Gesetz nicht an sich außer Kraft gesetzt. Die Geschichte endet mit der Aussage Jesu: »Auch ich verurteile dich nicht, geh und sündige von jetzt an nicht mehr.«

Die Freiheit als Schlüssel, der die Tür zur Achtsamkeit, zum Verstehen und vielleicht sogar zur Liebe öffnen kann, charakterisiert auch das Verhältnis des Nazareners zur spirituellen Praxis. Sakrale Ordnungen setzt Jesus außer Kraft. Die Grenzlinien zwischen heilig und profan löst er nahezu auf. Das Gottesreich verkündet er in der Welt. Wo sie sind, sollen die Menschen suchen und sich um Verwirklichung bemühen. Für die Kommunikation mit Gott bedarf es keines Tempels und keines Gotteshauses – es reicht das »stille Kämmerlein« im Lebensumfeld eines jeden. Das Mahl, als Symbol der Einswerdung von Gott und Mensch, vollzieht sich am gedeckten Tisch und nicht als rituell entrücktes Sakrament. Die Zeit für die Zuwendung zu Gott wird nicht durch ritualisierte Alltagsabläufe geregelt. Zu jeder Zeit, an jedem Ort soll sich der gotterfüllte Augenblick ereignen können. Die Zeit von Jesus ist *KAIROS*-Zeit. Jeder Moment kann alles enthalten. Zu jedem Zeitpunkt kann das Ewige in das Zeitliche einbrechen, den freien und offenen Menschen berühren, erschüttern, verwandeln. (vgl. Eurich 1996, S. 55–91)

Noch einmal: Jesus verkündete keine Ethik, die zu einer Trennung zwischen Glauben und Verhalten führt. Vielmehr setzte er beides in eins, als Voraussetzung für die Ausbreitung des Göttlichen unter den Menschen und als zugleich potenziell immer schon möglich und vorhanden.

Es bleibt die Frage, welche Instanz den Menschen auf diesem steilen Anstieg vom Flachland zu den Gipfeln führt. Auch hier begegnen wir wieder der Freiheit – in Verbindung mit der Gewissheit, die aus unserem Inneren erwächst. Der innere Meister, das Göttliche im Menschen übernimmt die Führung. Anleitung von außen hat den alleinigen Sinn, diesen inneren Meister zu befreien, also das, was Jesus als das Reich Gottes unter uns und in uns bezeichnete. Anders formuliert und in einem anderen kulturellen Horizont eingebettet, stoßen wir bereits ein halbes Jahrtausend vor Jesus auf den selben Zugang, bei Buddha. Auch bei ihm steht die Freiheit des einzelnen Menschen am Ausgangspunkt des Seins zum Werden. Die Freiheit lenkt den Schritt auf den Pfad zur Einswerdung. In der Freiheit der Versenkung wächst die Haltung, die der Erkennende dem Leben entgegenbringt.

6.2 Die Mystik als Heimatraum einer kosmischen »Religion«

Wo die universale Verbundenheit aller Lebensströme erkannt, wo das Zusammenspiel von Spiritualität, Ethos und Lebensführung wahrgenommen und zur Lebenspraxis wird, dort löst sich das Religiöse auf, das seine Identität innerhalb von Grenzlinien behaupten möchte. Es taugt nicht mehr dazu, das tägliche Leben in aller Tiefe und Weite zu bestimmen. Dies ist die Stunde, die das Ende bzw. die Transformierung der alten Religionen einläutet. Das Nicht-Anhaften und Loslassen als Kernanforderung der Freiheit betrifft nun die Religionen selbst. Auf dem Prüfstand stehen die Weltbilder, Lehren und Rituale, die transzendente Erfahrungen behindern oder blockieren. Anthropozentrische Heilslehren sowie partikulare Gottesbilder und Gottesverständnisse haben ausgedient. Der Ursprungsimpuls alles Religiösen, nämlich die Suche nach dem Göttlichen und Einen, die Sehnsucht nach dem Absoluten, die Erwartung der Berührung und die Hoffnung auf Heilung und Frieden können nun wieder deutlich hervortreten. Es wird unübersehbar, dass durch das körperliche und kulturelle Anderssein der Religionsstifter hindurch ein gemeinsamer tragender Grund strahlt. Durch ihn liegt das Wesentliche weniger in den Personen als in dem wirkenden und sich verwirklichenden Prinzip. Die alten Religionen geben sich denen, die im Strom dieser Erkenntnis stehen, nun als Brücken zu erkennen. Sie führen in ein Land der Begegnung derer, die zur Mitte wollen und zur Einheit. Dieser Weg trägt den Namen Mystik: Sehnsucht und Suche, Einheit von innerem und äußerem Leben als dynamischer Prozess, Erfahrung des Selbst und die Transpersonalität. Aktion und Kontemplation bilden ein Feld wechselseitiger Verbundenheit und Beeinflussung. In einer Phase der Menschheitsentwicklung, die extrem von Veräußerlichung geprägt ist, kommt hierbei der Kontemplation eine Schlüsselbedeutung zu; hängt die Erfahrung des Einsseins doch ab von der Bereitschaft und Fähigkeit, sich dem Äußeren immer wieder und regelmäßig zu entziehen. Wenn die Hast und das Tun, wenn die äußere Stimme und die inneren Vorstellungen zur Ruhe kommen und schweigen, kann das Hören beginnen und ein vorurteilsfreies Sehen. Nur Verinnerlichung als meditativer Weg macht Erkanntes und Empfundenes für den Alltag wirksam. In ihr findet eine Transformation, eine Umwandlung der Werte statt. Aus ihr stammen die Energie und die Klarheit für bewusstes Tun. In der Kontemplation hat das Absolute eine Chance, im Menschen zum Ausdruck zu kommen und sich in ihm und durch ihn zu verwirklichen.

Der kontemplative Weg bringt in Verbindung mit dem Licht und er lehrt, mit den Dunkelheiten umzugehen. Er reinigt Gedanken, Empfindungen und Emotionen von negativen Strömungen und verringert dadurch die Anlässe für negatives Verhalten. Das durch die Kontemplation gegangene bzw. aus ihr entstandene Ethos ist identisch geworden mit der Erfahrung des Lichts und des Selbst. Es hat seinen Maßstab in sich selbst gefunden und bedarf keiner äußeren Instanzen mehr, die regelnd und normierend eingreifen wollen.

In der Kontemplation befindet sich der Mensch in einer Schule der Wahrnehmung. Sie entlastet von dem Berg der alltäglichen Eindrücke und Erfahrungen. Sie führt dahin, uns begegnendes Leben offener und wacher zu sehen. Sie zeigt uns unsere Standpunkte als personen-, orts- und zeitgebunden und nicht als übergreifende Wahrheiten. Und sie lehrt uns, sie loszulassen.

In dieser Schulung verändern sich auch die inneren Koordinaten der Zeit. Die Chronos-Zeit, die als ununterbrochene Uhrzeit gleichgültig voraneilt, wird durchlässiger für das Empfinden des Augenblicks, des besonderen Moments, des KAIROS. »Der Augenblick ist Gottes Gewand« nennt Martin Buber das. Im Augenblick und in der Fähigkeit, ihn wahrzunehmen, zeigt sich die Gegenwart des Göttlichen aus dem heraus, was wir Ewigkeit nennen. Für einen Moment scheinen alle Zeitlichkeit und unsere Verfangenheit in ihr aufgehoben. Für einen Moment wird das mögliche Neue sichtbar, ergeben sich richtungsweisende Situationen. Kontemplation heißt, die Stille zu erfahren; jene tiefe Stille, die man als kosmischen Atem bezeichnen kann. Diese Stille selbst schon ist Offenbarung, eine Weise der Kommunikation zwischen dem Göttlichen und dem Menschen. Sie offenbart gleichwohl kein Wissen, eher Gewissheit. Sie hält hinsichtlich des Absoluten in der »Wolke des Nichtwissens« und lässt uns zugleich seine Präsenz empfinden. Kontemplation heißt: Entwicklung zulassen. In ihr erfährt der Suchende die höchste Stufe personalen und transpersonalen Bewusstseins, das auf der gegenwärtigen Evolutionsstufe möglich ist. Sie öffnet neue schöpferische Spielräume. Und als Prozess des fortwährenden Übergangs steht sie für die Schlüsseltradition der Zukunft. Im Schweigen mit und vor dem Numinosen lösen sich alte Bilder auf und die uns widerfahrende Entzweiung.

Mit dem Wachstum der inneren wird veräußerlichte Religion schwächer. Sehnsucht nach dem Absoluten, Liebe, Einssein und der Geist des Nichtverletzens lassen eine innere Ordnung entstehen, die der äußeren nicht mehr bedarf. Davon bleiben im Letzten keine Schrift, kein Kult, kein Ritual und kein Habitus unberührt. Denn auch wenn sie eine wichtige Stütze für andere Menschen, vor allem in Krisensituationen, darstellen, engen sie doch mehr ein, als geistig zu befreien. Und damit stellen sie sich dem Wirken des Transzendenten immer dann entgegen, wenn sie als mehr erscheinen wollen als ein Wort und/oder formgewordener Ehrfurchtsausdruck in Bezug auf das göttliche Du.

Vor den Menschen, die sich im Einssein fühlen und wissen, liegt der freie Heimatraum dessen, was wir kosmische Religion nennen können. Sie bildet ein geistiges Feld möglicher Partnerschaft mit dem Unendlichen und Ewigen. Der ganze Kosmos stellt sich dann als Theophanie dar, als Schauplatz der Ausdrucksweisen göttlicher Wesenheiten. Und der Mensch erkennt sich als inbegriffen, nicht als bloß äußerer Beobachter. Die Glaubenssysteme der Weltreligion setzen uns zu dieser Erkenntnis hin auf den Weg – nicht weniger, nicht mehr. Es ist der Weg zu der Brücke hinter die Religionen, der Weg, der Wege vereint, persönliche Sonderklauseln als Täuschung verwirft, Glaubenskonzepte transzendiert. Ein Zurück zu den Wurzeln gibt es nicht, denn auch sie sind im Prozess des Werdens und Wandels nicht geblieben, was sie einmal waren. Auch wenn ihre Kraft immer noch wirkt – in die Zukunft hinein. Die Wahrnehmung und Erkenntnis des Einsseins wächst im gegenwärtigen Zeitalter genau wie das Wissen um die Einheit von Spiritualität und Ethik. Damit neue Entwicklungsräume in diese Richtung sich öffnen können, geht kein Weg daran vorbei, die religiösen und theologischen Lehren der letzten Jahrhunderte sowie die daran geknüpften Gottesbilder hinter uns zu lassen. Das Labyrinth dieser Gedankengebilde, ihre Verteidigung und das Anhaften an ihnen stehen der notwendigen und möglichen Freiheit im Weg. Loslassen heißt auch hier, frei werden von Täuschungen und Illusionen. Für Schuldgefühle besteht dabei kein Anlass. Vielmehr sollten wir sehen, dass die alten Lehrgebäude, die partikularen Ethiken und entwürdigende Moralvorstellungen nur so lange überleben konnten, weil ihre Negation bewusst und unbewusst mit »Schuld« gekoppelt war.

6.3 Die heilende und orientierende Kraft des Scheiterns

Der Anspruch an eine Existenz, die versucht, an der Einheit von Erkenntnis, Ethik und Spiritualität zu arbeiten und sie zu leben, könnte höher wohl kaum sein. Und so fällt auch hier zwischen die Idee und die Wirklichkeit ein Schatten.

Offenheit auf den verschiedenen Ebenen der Wahrnehmung, die Bereitschaft, das Leben aus der Perspektive des anderen zu sehen, und die Akzeptanz der eigenen Transpersonalität erfordern ein hohes Maß an Stärke und innerer Freiheit. Dem Einssein kann sich nur nähern, wer versöhnt mit dem eigenen inneren Du lebt. Denn hier beginnt ja auch die Begegnung mit dem Fremden, mit dem ganz anderen, dem Unerkannten und Unerlösten. Grenzen werden sichtbar, die sich in uns aufbauen, düstere und unerfreuliche Seiten, die Einfluss nehmen auf das, was wir denken, empfinden und tun. Leben in der Erkenntnis und Empfindung des Einsseins bedeutet deshalb zunächst, mit unseren eigenen Wunden und Verhärtungen umzugehen. Es bedeutet anzunehmen, dass wir bei allem Bemühen eingebunden bleiben in Prozesse der Verursachung von Leid auf dieser Erde. Wer sich hier seiner Tugend zu sicher ist, hat wohl keine. Wer die eigenen Schwächen und Tiefen nicht ausgelotet hat, der wird auch mit denen anderer Menschen kaum angemessen umgehen können – wenn er sie denn überhaupt wahrnimmt. In der aufrichtigen und unvoreingenommenen Begegnung mit unseren Schatten und unserer Unvollkommenheit liegt die Chance zu ihrer Integration und Wandlung. Mit moralischem Blick kategorisieren wir unsere Untiefen schnell als ungut oder böse. Mit den Augen der Freiheit zeigen sie sich zunächst als reine Energie, die unterschiedlich ausgerichtet werden und damit sogar einen Beitrag zur Heilung und zur Überwindung innerer Grenzen leisten kann. »Man wird nicht dadurch hell, dass man sich Helles vorstellt, sondern dadurch, dass man Dunkles bewusst macht.« (Jung 1954, S. 370)

Es gibt kein widerspruchsfreies Sein, und Reife setzt das Eingeständnis der eigenen Fehler voraus. Leben im Horizont des Einsseins steht in einer dialektischen Spannung, in der das selbstbezügliche Ich lernen muss, sich an den Seinsbedürfnissen anderen Lebens immer wieder neu auszurichten. Unnachgiebigkeit in der eigenen Orientierung und in den eigenen Maßstäben macht stolz und hart. Sie gefährdet jede Begegnung; und sie lässt das eigene, nur noch in sich selbst kreisende Leben erstarren. Dieser Tod kommt schleichend, und er liegt mitten in dem, was manche Menschen Leben nennen.

Viele Irrwege resultieren aus den Haltungen des Habens und Festhaltens. Sie machen in destruktiver Weise aggressiv. Ständig gibt es etwas zu verteidigen – Sachen, lebende »Güter«, Menschen, Ideen, Ideologien. Anhaften und Einssein schließen sich aus. Einfachheit kommt den mannigfaltigen Lebensbedürfnissen entgegen. Sie erhält die Freiheit, da zu sein, wo das Lebensnetz es erfordert.

Mit den eigenen Unvollkommenheiten umgehen zu lernen nähert den suchenden Menschen dem Lebens-Ethos. Dieser Prozess kommt nicht voran, ohne immer wieder zu scheitern. Scheitern geht der Entwicklung und dem Neuen voraus. Scheitern bricht, verletzt und schmerzt; und es öffnet neue Orientierungen und neue Spielräume. Nur wer das Scheitern erfahren hat und erfährt, kann mitempfinden, wo Scheitern sich ereignet, und möglicherweise Hilfe leisten.

Der Umgang mit den eigenen Unzulänglichkeiten und mit dem Scheitern gehört zur Veränderung und zum Wachstum. Ein Ethos des Einsseins hält somit beides im Blick und im Bewusstsein, aber nimmt es nicht als Maßstab. Denn keine Ethik, die sich primär an menschlichen Schwächen orientiert, taugt für einen universalen Entwicklungsauftrag. Das an sich Mögliche gehört in den Blickpunkt. Gleichzeitig muss jedoch die Wahrheit Berücksichtigung finden, dass jenseits aller generellen Aussagen und Erwartungen jeder Mensch zunächst für sich eine natürliche Einheit darstellt, mit ihren Zuständigkeiten und Möglichkeiten. »Wir retten oder verlieren uns selbst.« (Teilhard de Chardin 1962, S. 172) Wir bilden bei aller Verbundenheit erkenntnis- und handlungsbezogen ein eigenes Universum, das in eigener Entscheidungsverantwortung steht und das in allen existenzialen Fragen auf sich rückverwiesen ist. So gesehen tritt neben die Erfahrung des Scheiterns noch ein Weiteres – die unausweichliche Einsamkeit, die jeden trifft, der sich dem Prozess des

Werdens in seiner ganzen Dynamik stellt. Entwicklung zeigt sich dann auch als Abschied nehmen, weiter gehen, ständige Relativierung des Gegebenen und in der Zeitlichkeit Vergehenden. Gerade die Menschen, die Lebenspraxis und Spiritualität als Einheit sehen und die Alltag und Gottsuche verschmelzen, gehen mit der Einsamkeit als vertrauter Wegbegleiterin. Sie sind Vorübergehende geworden, die ihr Herz nur bedingt an Vergängliches hängen.

Wir scheitern jedoch nicht nur an uns und unseren Möglichkeiten. Es gibt auch ein Scheitern, das determiniert ist und außerhalb der personalen Verfügungsgewalt und Entwicklungsfähigkeit liegt. Gemeint sind gesellschaftliche Strukturen, soziale, politische und ökonomische Ohnmachtsverhältnisse, die Spielräume entscheidend verkleinern und Freiheitsregungen blockieren. Nicht das Wollen ist in diesen Fällen unzulänglich, sondern das Können. Und viel Größe liegt dann schon in einem Entscheiden und einem Handeln, das die Richtung nicht aus den Augen verliert und sie hält. Eine Richtung, die aus dem heraus deutlich wird, was die Grenzen des Zeitlichen übersteigt und sich im Menschen in seinem Einssein und seiner Einzigkeit als überzeitliche Gewissheit offenbart. Die Möglichkeit des Irrtums und das Recht eines jeden auf Irrtum eingeschlossen.

Dass immer eine Differenz zwischen dem ethischen Wollen und dem lebenspraktischen Können liegt, will entsprechend der Endlichkeit des Menschen anerkannt sein. Sowie auch der Irrtum und das Scheitern ihre Existenzberechtigung, ja Existenznotwendigkeit haben im Hinblick auf die Dialektik des Wachsens und Werdens. Doch es bleibt eine Gegenkraft, die aller Bewegung sich widersetzt, den Menschen lähmt und in die Verzweiflung führt. Acedia nannte man sie in der Sprache der alten

Theologie, und dort wurde sie zu den sieben Kardinalsünden gezählt. Gemeint ist jene tiefe Traurigkeit eines Menschen, die ihn seinen göttlichen Kern nicht mehr sehen lässt. Sie lähmt jeden Aufbruch, macht den Menschen schwer, geistig unstet und rastlos und handlungsunfähig. Acedia zeigt sich nicht im Nicht-Tun, bürgerlicher Fleiß steht ihr genauso wenig entgegen wie die Unfähigkeit zur Muße. Vielmehr gibt sie sich in der Verweigerung des spirituellen und des Wachstumsauftrags, zu dem wir fähig sind, zu erkennen. (vgl. Pieper 1935, S. 54–63) Die Acedia lässt uns das nicht zumuten, was wir könnten. Durch sie wollen wir nicht wir selbst sein. Josef Pieper bezeichnet sie als den »freudlosen und verdrießlichen borniert selbstsüchtigen Verzicht des Menschen auf den verpflichtenden Adel der Gotteskindschaft«. (ebd., S. 59)

Die Acedia bedroht die ethische Existenz des Menschen. Die Unstetheit, die aus ihr folgt, die Gleichgültigkeit, der Kleinmut und nicht zuletzt die blinde Hochmütigkeit führen letztlich in die Verzweiflung. Ihr depressives Endstadium können selbst die perfektionierten Ablenkungs- und Fluchttechniken der Gegenwart kaum noch überspielen oder gar verdecken. Denn was bleibt, wenn der Mensch seine Sehnsucht verloren hat oder sie konsequent verneint? Was bleibt, wenn mit der Sehnsucht sich die Hoffnung aufgelöst hat?

Es sind die Sehnsucht und die Hoffnung, die sich aneinander und die den Menschen immer wieder aufrichten in Phasen der vorübergehenden Entmutigung. Sie führen in die Spannung zwischen dem Schon-jetzt und dem Noch-nicht. Hoffnung hier meint tätige Hoffnung, meint Mitarbeit am Entwurf und der Verwirklichung des Selbst. Eine bloße Hoffnung als diffuse Erwartung ohne Eigenleistung kann demgegenüber nur tragisch scheitern. Ohne den persönlichen Beitrag im Moment wird sie gar zu einem

Hindernis für das Zukünftige, indem sie sich auf Zukunft hin versklavt und dabei die Gegenwart vergisst. Vor allem gerät damit aus der präsenten Gewissheit, dass zum Weiterschreiten jederzeit alles in uns vorhanden ist und jederzeit alles neu beginnen kann.

Die Spannung zwischen Schon-jetzt und Noch-nicht löst letzte Polaritäten auf. Sehnsucht nach dem Absoluten und gesellschaftliche Praxis, Mystik und Politik, das Streben nach der Erfahrung des Einsseins und die bedingte Handlung verschmelzen. Tun wird zum Nicht-Tun und Nicht-Tun zum Tun.

> »Geheimnisvoll ist der Weg der Tat.
> Wer in der Tat die Nicht-Tat sieht
> und in der Nicht-Tat wiederum die Tat,
> der ist ein Einsichtsvoller unter den Menschen,
> gesammelten Geistes alle Taten verrichtend.«
> (Bhagavad Gita, 4. Gesang, 17. und 18.)

6.4 Die Begegnung mit dem Du

Es ist eine alte Erkenntnis, dass der Mensch in der Spiegelung durch das Du, dem er in Achtsamkeit und Offenheit begegnet, zum Ich geführt wird, zum Selbst wächst. In dieser Begegnung beginnt er zu verstehen, dass sein Ich Teil des Ganzen und er von diesem her zu identifizieren ist. Er sieht zudem, dass nicht nur er in der Welt aufgeht, sondern die Welt auch in ihm, wenn er es zulässt. Er steht praktisch in einem universalen Dialog, der alle vier Ebenen des Du mit einschließt und berührt.

Ebene 1: Wir begegnen dem Du in der Schöpfung – in den Elementen, den Pflanzen, den Tieren, den Gestirnen. Diese Begegnung lebt von der Anerkennung und Respektierung des Lebenswerten allen Seins. Wir hören etwa die Sprache des Baumes zwischen Verwurzelung und himmlischem Freiheitsdrang. Wir empfangen vom Licht der Gestirne die Botschaft der Unendlichkeit, wir lesen in den Augen eines Tieres das Ahnen der Sehnsucht. Alles erkennen wir als zugehörig zur universalen Geschwisterschaft.

Ebene 2: Wir begegnen dem Du im anderen Menschen. In dieser Begegnung mit dem uns Gleichen und in der Anerkennung des So-Seins des anderen erfahren wir Befreiung zu uns selbst und unserer Gattung insgesamt.

Ebene 3: Wir begegnen dem Du in der göttlichen Welt. In dieser Begegnung mit den Quellen und den Zielen unserer Sehnsucht, mit dem Woher und Wohin unseren und allen Seins wird unser Stolz relativiert. Wir erkennen das Verfügt-Sein und unsere Möglichkeiten, sehen, was uns unendlich übersteigt und wessen Teil wir zugleich sind. In der Kommunikation mit dem göttlichen Du dient als Sprache und Empfangsraum das Schweigen.

Ebene 4: Wir begegnen dem eigenen, inneren Du, unserem innersten Seins-Grund, der mit allem verbunden, ja eins ist. Erst diese Begegnung macht uns zum ganzen Menschen, bewahrt uns davor, zerrissen, ausgeliefert und ohnmächtig zu sein. In der Begegnung mit dem Selbst begegnen wir allem anderen wieder, bis hin zu dem Kern des Göttlichen, der auch unser eigener ist.

Der Stellenwert der Begegnung mit dem eigenen, inneren Du verdeutlicht den Stellenwert des eigenen Lebens. Die Ehrfurcht vor dem Leben schließt an zentraler Stelle die Ehrfurcht vor dem eigenen Leben mit ein. Die Ehrfurcht und Achtung vor dem kosmischen und geschöpflichen Teil meines Seins und Wesens spitzt die Ehrfurcht vor dem Leben erst in ihrer ganzen Tragweite zu. Sie verdeutlicht mir meine Bedeutung und meinen Stellenwert, meine Verantwortung und meine Grenzen, meinen Auftrag im Dienst am Ganzen. Nun gibt es kein Entrinnen mehr, denn nun stehe ich jederzeit durch das Bewusstsein meiner Selbst im universalen Kontext. Und Selbstmissachtung hieße: Einschränkung der Erkenntnisfähigkeit durch Bewusstseinsspaltung und Schwächung der Kräfte zum Verbundensein. Persönliche Stagnation hieße, die Entwicklung des Ganzen zu bremsen.

7 Das Ethos des Einsseins

Ein Ethos, das beim einzelnen Menschen ansetzt und seinem Werden, kann nicht in verbindlichen Regeln und Gesetzesvorschriften gefasst werden. Zumal, wenn wir die Einheit von Erkennensprozessen, Ethik und Spiritualität als unauflöslich gegeben sehen. Ein orientierender Rahmen, der die Seinsebenen umgreift, die Beziehung zwischen Umwelt, Mitwelt, geistiger Welt und Innenwelt herstellt und vermittelt, erscheint gleichwohl sinnvoll und angemessen. Denn Orientierung ohne Koordinaten wird leicht vom Wesentlichen fortgetrieben. Als was können Koordinaten in dieser Hinsicht gesehen werden? Sie sollten den Kern von dem beinhalten, was im Verhalten des Menschen mit Respekt gegenüber anderem Leben und der uneingeschränkten Anerkennung seiner Würde zu tun hat. Sie sollten etwas von dem Dienst zum Ausdruck bringen, den wir der Erde und dem Sein schuldig sind. Und sie sollten uns erinnern, dass der Weg des Werdens ein Übungsweg ist, der Ausdauer verlangt. Er ist eine spirituelle Reise, die sehr viel Offenheit, Geduld und Beharrlichkeit erfordert. Man könnte auf diese Ansprüche bezogen von tätiger Liebe sprechen. Sie schränkt eine verantwortete Freiheit nicht ein, formt sie vielmehr als eine Freiheit hin zum Sein.

Die folgenden Koordinaten stellen eine Grundorientierung dar. Zum Leben erstehen sie im einzelnen Menschen selbstredend auf seine je eigene Weise.

Soziale Ausrichtung:
- Wahrhaftigkeit im Denken, im Sprechen und im Verhalten.
- Andere Menschen nicht auf Grund von Stand, Stellung, Geschlecht, Rasse, Religion, Weltanschauung oder kultureller Eingebundenheit verachten oder diskriminieren.
- Andere Menschen niemals in Gedanken, Worten oder Taten absichtsvoll verletzen.
- Offenheit in der Begegnung und die Bereitschaft zum Hören und Mitempfinden.
- Ohne Machtanspruch kommunizieren.
- Bereit sein zur Vergebung und zur jederzeitigen Versöhnung.
- Orientierung und Beschränkung auf einen Lebensstandard, der ein Leben in Würde ermöglicht.
- Ausübung von beruflichen Tätigkeiten, die dem Geist des Nichtverletzens nicht widersprechen.

Universale Ausrichtung:
- Ehrfurcht vor der Schöpfungsganzheit.
- Respekt gegenüber allen uns begegnenden Lebensformen.
- Nichtverletzen als umfassende Lebenshaltung.
- Bereitschaft zum selbstlosen Dienst, der aus der inneren Einsicht und Erfahrung stammt, dass in allem derselbe göttliche Impuls lebt.
- Bereitschaft zum Heilen und Trösten, wo uns verletztes Leben begegnet.
- Bereitschaft, unsere Heilungskräfte weiter zu entwickeln.
- Vegetarisches Leben aus Ehrfurcht und aus der Einsicht, dass, was wir sind und werden, auch mit dem zusammenhängt, was wir zu uns nehmen.

Transzendente Ausrichtung:

- Zuwendung zum Göttlichen in täglichen Zeiten der Meditation/Kontemplation.
- Lernen, im Schweigen zu hören.
- Bereitschaft zur Weiterentwicklung der spirituellen Fähigkeiten.
- In der Suche nach dem kosmischen Einssein und nach der letzten Essenz das Trennende der Religionen und Weltanschauungen überwinden.

Ausrichtung auf das Selbst:

- Gegenwärtig und achtsam leben, denn jeder Moment enthält potenziell alles.
- Der Verbundenheit mit allem Leben, das mir begegnet, nachspüren und der mannigfachen Vernetzung des Selbst – biologisch, materiell, geistig.
- Das eigene Leben achten wie den ganzen Kosmos.
- Sich der Sehnsucht stellen und ihrem Ursprung sowie ihrem letzten Ziel nachspüren.
- Die eigenen Unzulänglichkeiten annehmen und in Stärke wandeln.
- Lernen, das Scheitern als Chance zu sehen.
- Letztendlich sich selbst zum Maßstab werden.

Es stellt sich abschließend die Frage, ob wir in der Gegenwart in einem solchen Ethos überhaupt noch eine angemessene Antwort auf die hoch komplexe Verfasstheit struktureller Gewalten sehen können, die unsere Erde so unerbittlich im Griff zu haben scheinen. Die Frage muss klar mit nein beantwortet werden, denn *eine* angemessene Antwort kann es nicht mehr geben. Wir benötigen vielfältige Ansatzpunkte, die der Komplexität unserer Gesellschaften angemessen sind, sich auf alle strukturellen und lebensweltlichen Ebenen beziehen, um dort umsteuernd einzugreifen. Doch auf jeder dieser Ebenen stoßen wir letztlich wieder auf erkennende, planende und vollziehende Menschen. Der Mensch ist der Ansatzpunkt, er baut und verändert die Strukturen, die es ihm dann wiederum ermöglichen, sein Werden in Freiheit zu gestalten. Er ist so gesehen Henne und Ei zugleich. Und wir haben keine andere Chance, als an ihm, seiner Einsichtsfähigkeit und -bereitschaft vertrauend anzusetzen. Scheitern inbegriffen.

Glossar

Acedia
Das aus dem Griechischen stammende Wort meint eine Haltung des Menschen, die durch fehlende Bereitschaft und Unfähigkeit zum angemessenen Handeln gekennzeichnet ist. Acedia reagiert auf Lebensfragen und -probleme mit Lustlosigkeit, Überdruss, Abneigung und einer lähmenden Schwere des Geistes. Sie ist mit tiefer Traurigkeit verbunden und gleichzeitig einer inneren Ruhelosigkeit und Rastlosigkeit. Die Acedia, die zwischen den Polen Hochmütigkeit und Verzweiflung schwanken kann, bedroht die sittliche Existenz des Menschen. In ihr weigert sich der Mensch, seine Entwicklungsmöglichkeit und Entwicklungsnotwendigkeit anzuerkennen und umzusetzen. Acedia wird nach der alten kirchlichen Lehre zu den Hauptsünden gezählt.

Ahimsa
Das Sanskrit-Wort kommt in allen südasiatischen Sprachen vor und ist Bestandteil der zentralen Lehren des Buddhismus und Jainismus. Ahimsa (Himsa = Gewalt) steht für die Haltung des Nichtschädigens bzw. des Nichtverletzens gegenüber allen Mitlebewesen. Schließlich kann nach der Wiedergeburtslehre auch in der geringsten Lebensform der Ursprung höheren Lebens, ja einer menschlichen Existenz liegen. Ahimsa wird getragen von der Liebe zum Leben, der Ehrfurcht vor dem Leben und der Einsicht in die Verbundenheit allen Seins. Ahimsa schwächt das pure Nützlichkeitsdenken des Menschen

bezüglich anderer Lebewesen und Lebensformen entscheidend ab.

Anthropozentrismus

Unter Anthropozentrismus versteht man philosophische, ethische und religiöse Grundorientierungen, in denen die Adressaten moralisch wertvoller Handlungen auf die Spezies der Menschen eingeschränkt werden. Nichtmenschliches Leben wird in anthropozentrischen Ansätzen dem Menschen und seiner Bestimmung nach- bzw. untergeordnet. Es wird vorrangig unter dem Gesichtspunkt der Nützlichkeit für den Menschen betrachtet und bewertet. Eine Begründung anthropozentrischer Argumentation liegt in der mangelnden Vernunft bzw. Interessenfähigkeit anderer Lebewesen und ihrer Unfähigkeit, Rechte einzufordern.

Im Bereich der Religion zeigt sich Anthropozentrismus darin, dass das Heil nicht auf ein transzendentes Objekt, sondern lediglich auf das eigene Selbst und dessen Verwirklichung bzw. Entfaltung bezogen wird. Religion verliert dabei ihre absolute Autorität. Sie wird reduziert auf ein Mittel zur Selbstverwirklichung. Dieses instrumentelle Denken macht die einzelnen Religionen letztlich austauschbar. Es zählt das, was dem Selbst nützt.

Atman

In der hinduistischen Philosophie steht Atman für das individuelle Selbst. Man kann ihn als den das Leben ermöglichenden und bewahrenden Atem bzw. die Lebensenergie sehen. In den Upanishaden etwa wird Atman als das gesehen, was in einem Wesen den Tod überlebt, wiedergeboren wird oder Erlösung und damit Vereinigung mit Brahman erfährt.

Bergpredigt
Der Ausdruck Bergpredigt taucht das erste Mal bei Augustinus auf. In der Bergpredigt legt Jesus in einer programmatischen Rede den neuen Geist des Reiches Gottes dar. Der Evangelist Matthäus hat sie in seinem Evangelium (5–7) aus unterschiedlichstem Überlieferungsstoff komponiert. Sie gilt als die Ethik Jesu schlechthin. Zentraler Begriff der Bergpredigt sind die Seligpreisungen (5,3–11), in deren Mittelpunkt Barmherzigkeit und Friedfertigkeit stehen. In der Feindesliebe kommt die Friedfertigkeit zu ihrem Gipfel. Die außergewöhnliche Ausstrahlung, die die Bergpredigt innerhalb des gesamten Neuen Testaments hat, liegt in der Radikalität begründet, mit der Jesus den Menschen gegenübertritt: Radikalität hinsichtlich der Anforderungen an eine vollkommene Existenz, Radikalität aber auch in dem Zusprechen von Trost, Heil und Gnade.

Bodhisattva
Der Name bezeichnet im späteren, dem Mahayana-Buddhismus (großes Fahrzeug), den um Erleuchtung (bodhi = Erleuchtung, vollkommenes Erwachen) bemühten Menschen, den Anwärter auf die Buddhaschaft. Bodhisattvas schieben ihren eigenen Eintritt ins Nirwana, also das Verwehen bzw. Verlöschen des Selbst auf, um sich der Leidensbefreiung anderer Lebewesen zuzuwenden. Sie verbleiben so lange aktiv und hilfreich in der Welt, bis alle Wesen erlöst sind.

Brahman
Im Hinduismus repräsentiert Brahman das höchste Wesen. Es kann gedacht werden als universelle, als Weltenseele. Sie hat Bewusstsein, ist ewig, unbegrenzt und allgegenwärtig. Sie bildet den Urgrund des Universums und allen individuellen Seins, die zeitlose Kraft, die in der Zeit

alles bewirkt. Die ursprüngliche Bedeutung von Brahman meint »Heiliges Wort«. Als magisches Opferwort sollte es alles bewirken können. Für den hinduistischen Erlösungsweg ist es entscheidend, dass Brahman und Atman, die wesensgleich und doch verschieden sind, miteinander verschmelzen. So kann der ewige Kreislauf der Wiedergeburten außer Kraft gesetzt werden.

Buddha

Buddha ist ein Ehrentitel und ein sich in einem Menschen verwirklichendes Prinzip. Ein Buddha (bud = wach) hat das Stadium des vollkommen Erwachten, Erleuchteten erreicht. Er hat das Anhaften und das Nichtwissen, hat Triebe und niedrige Gefühle geistig überwunden. Er dient den Menschen als Lehrer und Wegweiser. Er bringt durch sein Vorbild auf den rechten Weg. Ein Buddha war auch Siddharta Gautama (ca. 563–480 v. Chr.). Er gilt als der Stifter der buddhistischen Religion. Vom reichen und verwöhnten Königssohn entwickelte er sich durch viele Häutungen hindurch zum religiösen Meister, der in bewusster Entscheidung für das irdische Leben seine Erfahrungen weitergab. Seine Lehrreden bilden die philosophische/spirituelle Grundlage des Buddhismus, in deren Mittelpunkt die »Predigt von Benares« steht. Hier formulierte er die vier edlen Wahrheiten vom Leid und dessen Überwindung im achtteiligen Pfad.

Dekalog

Dekalog heißt übersetzt »zehn Worte« und meint die Zehn Gebote, die Gott durch Moses dem Volk Israel übermittelt hat. Sie werden im Buch Exodus (20,1–17) und im Buch Deuteronomium (5,6–21) der hebräischen Bibel (so genanntes Altes Testament) überliefert. Das Zehntgebot weist den Weg für ein Leben ohne Sünde. In ihm kommen Gottesrechte und Menschenrechte zum Ausdruck. Es richtet sich ursprünglich an den erwachsenen israelischen, von der Sklaverei befreiten Bürger. Die Zehn Gebote wurden von Jesus anerkannt. Sie stellen die Eckpunkte auch der christlichen Ethik und Sittenlehre dar. Ihr Wortlaut nach Deuteronomium:

»Ich bin Jahwe, dein Gott…

Du sollst neben mir keine anderen Gottheiten haben.

Du sollst dir kein Gottesbildnis machen, das irgendetwas darstellt am Himmel droben, auf der Erde unten oder im Wasser unter der Erde …

Du sollt den Namen des Herrn, deines Gottes, nicht missbrauchen …

Achte auf den Sabbat … Sechs Tage darfst du schaffen und jede Arbeit tun. Der siebte Tag ist ein Ruhetag, dem Herrn, deinem Gott geweiht …

Ehre deinen Vater und deine Mutter …

Du sollst nicht morden.

Du sollst nicht die Ehe brechen.

Du sollst nicht stehlen.

Du sollst nicht Falsches gegen deinen Nächsten aussagen.

Du sollst nicht nach der Frau deines Nächsten verlangen.

Du sollst nicht das Haus deines Nächsten begehren, nicht sein Feld …, nichts, was deinem Nächsten gehört.«

Dharma

Dharma steht im Hinduismus für das ewige Gesetz. Es regelt alles Sein in dem gesamten Universum und beruht auf der höchsten Weisheit. Der Wortstamm dhar bedeutet tragen, halten. Dharma also ist das Prinzip, das hält und trägt. So wie Dharma den Lauf der Gestirne bestimmt, so liegt es auch der sittlichen Ordnung unter den Menschen zu Grunde. Menschen müssen das ihnen zugewiesene Dharma, die für sie bestimmte Ordnung erfüllen. Der Grad dieser Pflichterfüllung bestimmt die Qualität der Wiedergeburt.

Im Buddhismus bezieht Dharma sich auf die Lehre des Buddha, deren Verwirklichung den Menschen hält und trägt. Dharma meint hier aber auch die Substanzen, die Kräfte und Lebensströme, aus denen die Welt besteht und die sie in der Bewegung halten. Die Elemente, physikalische, biologische und biochemische Gegebenheiten, Denken, Bewusstsein, Emotion und sinnliche Wahrnehmung – alles ist von Dharmas bestimmt. Sie formen die Welt in ihrem Werden, Vergehen und Wieder-Werden.

Ehrfurcht vor dem Leben
Es handelt sich hierbei um einen ethischen Grundsatz, der eng mit Albert Schweitzer verbunden ist. Mit der Idee der Ehrfurcht vor dem Leben erweitert Schweitzer die Ethik über den Menschen hinaus und bezieht alles Leben mit ein. Letztlich geht es darum, die Verbundenheit allen Lebens zu sehen und zu erkennen und das vom Menschen konstruierte Fremdsein zu überwinden bzw. aufzuheben. In der Forderung nach Ausdehnung der Humanitätspflicht auf alle Geschöpfe zeigt sich eine starke Wesensähnlichkeit von »Ehrfurcht vor dem Leben« und »Ahimsa«. Auch in der Ehrfurcht vor dem Leben bleibt das unlösbare Problem die Selbstentzweiung des Lebens, die Tatsache, dass Leben von Leben lebt. Die Aufgabe des Menschen liegt in der Begrenzung dieser Selbstentzweiung und der Minimierung unvermeidbaren Verletzens. In der Ethik der »Ehrfurcht vor dem Leben« liegen die Grundlagen für eine integrale Schöpfungsethik und Schöpfungsspiritualität.

Erbsünde

Die Lehre von der Erbschuld/Erbsünde begründet in dem Bezug auf Genesis 3 der hebräischen Bibel (Altes Testament) den fatalen Hang des Menschen zu sündigen. Sünde meint, fern von Gott und seinen Geboten zu leben, die eigenen momentanen Bedürfnisse dem göttlichen Heil vorzuziehen. Dieses Menschenbild, nach dem der Mensch seit dem Sündenfall im Paradies eine verwundete und zum Bösen geneigte Natur hat, war als kirchliche Lehre von Beginn an umstritten. Einer der Gründe für die Kritik an der Erbsünden-Lehre liegt darin, dass die Ebenbildlichkeit des Menschen mit Gott, bzw. dass Gott den Menschen nach seinem Bild und Gleichnis geschaffen hat, dadurch in Frage gestellt wird – sieht man Gott als das summum bonum, das höchste Gute. Auch werden durch diese Lehre die Freiheit, Würde und Verantwortung der Menschen nicht in vollem Umfang ernst genommen.

Feld

Der englische Biologe Rupert Sheldrake hat den Begriff Feld für den Prozess der Entstehung von Formen in Natur und Kultur inhaltlich neu gefüllt. Nach den Ergebnissen seiner Forschungen hängen Gestalt und Art der Dinge von Feldern ab, die er Morphische Felder nennt. Jede Art und jedes natürliche System besitzt danach ein eigenes charakteristisches Feld. Solche Felder existieren als nicht materielle Kraftzonen. Sie breiten sich im Raum aus und dauern in der Zeit an. Als potenzielle Organisationsmuster können sie sich auch nach dem Verschwinden eines Systems zu einer anderen Zeit und an einem anderen Ort wieder konkretisieren. Werden formgebende Kausaleinflüsse durch Raum und Zeit übertragen, kann gleichsam die Gegenwart an die Vergangenheit anknüpfen, spricht Sheldrake von Morphischer Resonanz. Morphische Felder unterliegen den Einflüssen von Raum und Zeit und sind Bestandteil der evolutionären Prozesse. Nach diesem Denken stellen auch menschliche Eigenschaften, Bewusstseinsströmungen und das Unbewusste Felder dar. So kann etwa die Seele als ein Feld gesehen werden. Nicht die Seele lebt im Körper, sondern der Körper im Feld der Seele. (vgl. Sheldrake 1994)

Kairos
Im Gegensatz zu Chronos (der fortlaufende Fluss der Zeit) und Aion (Zeitdauer, Zeitstrecke, Epoche) drückt das griechische Wort KAIROS qualitative Zeit aus, ein inhalts- und bedeutungsvolles Moment. Der KAIROS verweist auf die besondere Zeit, die besondere Begebenheit, den rechten Ort, den günstigen Augenblick. Im KAIROS ruht schicksalhafte Qualität. In jedem Moment, der potenziell alles enthält, kann das Ewige in das Zeitliche einbrechen. Aristoteles, der ihn mit der Siebenheit gleichsetzt, also der Ganzheit und Vollendung, sah im KAIROS das »Gute in der Zeit« und zwar in einer Doppelbedeutung: Er ist die vollendete Zeit und der zu etwas gute Moment. In der griechischen Übersetzung der hebräischen Bibel (Altes Testament) taucht KAIROS als ein heilsgeschichtlicher Begriff auf, der immer auch die Gerichts- und Endzeit mit einschließt. Dem KAIROS gerecht zu werden ist die ethische Bewährung im Blick auf das Ende aller Zeiten. Im Christentum wird das Kommen Jesu, der Christusimpuls in der Geschichte, als der einmalige, alle sonstige Zeit übersteigende KAIROS gesehen. »Jetzt ist die Zeit erfüllt, das Reich Gottes ist nahe …« (Markus 1,15) KAIROI, herausragende Momente, ziehen sich durch das Leben Jesu bis hin zum KAIROS der Auferstehung, der die Hinfälligkeit im Zeitlichen überwindet.

Jeder Mensch hat die Aufgabe, seinen KAIROS, seine

KAIROI zu erkennen und sich den Anforderungen der entsprechenden Momente zu stellen. Im KAIROS überwindet der Mensch seine Endlichkeit und stellt sich in Beziehung zum Absoluten. Letztendlich muss vor diesem Verständnis jeder Augenblick als einmalig angesehen werden, als Zeit der Wachheit und der Bewährung.

Kardinaltugenden
Klugheit, Gerechtigkeit, Tapferkeit und Maß umschreiben nach der klassischen Lehre der katholischen Theologie die Gutheit des menschlichen Handelns. Sie repräsentieren die Angelpunkte des sittlichen Lebens, um die herum alle anderen Tugenden angeordnet sind. Die Gutheit der Gesinnung aus dem Glauben wird mit sachgerechtem Tun in Verbindung gebracht. Die Gutheit nimmt innerhalb der Kardinaltugenden den obersten Rang ein, da sie mit ihrem vernunftgesteuerten sachlichen Blick die Richtung für das Tun bestimmt. Was gut ist, bestimmt die Klugheit. Die Kardinaltugenden, wie alle menschlichen Tugenden als Neigung, das Gute zu tun, wurzeln in den göttlichen Tugenden Glaube, Liebe und Hoffnung. Die Lehre von den Kardinaltugenden wurde wesentlich von der aristotelischen Ethik beeinflusst und durch Thomas von Aquin umfassend ausgearbeitet.

Karma
Es bezeichnet das Gesetz von Ursache und Wirkung im menschlichen Verhalten und ist eng mit der Lehre von der Wiedergeburt verbunden. Wie der Mensch sein Leben gestaltet, was er tut und nicht tut, denkt, fühlt, sagt und verschweigt, bestimmt sein Schicksal. Es hat darüber hinaus Einfluss auf den Kosmos insgesamt. Ein gutes Karma führt zu einer guten Wiedergeburt, ein negatives zu einer schlechten. Das Karma drückt sich in den Veranlagungen

des Menschen aus, seinen Begabungen, Fähigkeiten und persönlichen Umständen, vor allem aber auch seiner Willensrichtung, die den Charakter formt. Karma steht aber nicht nur für ein Gerechtigkeitsprinzip. Man kann es als Evolutionsprinzip in ethischer und moralischer Hinsicht interpretieren, als energetisches Feld, das sich in Raum und Zeit verändert und die Personalität bestimmt. Im christlichen Kulturraum ist das Karma-Verständnis umstritten, da es die Einzigartigkeit eines Menschen in seiner einzigen Existenz in Frage stellt. Kritik erfährt die Karma-Vorstellung auch, wenn sie zur Legitimation ungleicher oder ungerechter Lebensverhältnisse – wie etwa dem indischen Kastensystem – dient.

Kontemplation
Der Begriff ist eine Zusammenführung von con, Einswerden, mit templum, dem Innersten und Heiligsten. Kontemplation strebt die Vereinigung mit dem Urgrund allen Seins, dem Göttlichen, an, dem wir auf dem Grund unseres Wesens begegnen. In der Kontemplation findet der Mensch zu einer innigen Weise der Gotteszuwendung, die sich im tiefen Schweigen vollzieht. Für den Kontemplativen sind Schweigen und Stille der Raum der Begegnung zwischen Mensch und Gott, die Sprache zwischen Mensch und Gott. Auf dem Übungsweg des Schweigens lernt der Mensch, sich immer wieder äußerer Unruhe und Ablenkung zu entziehen, aber auch innere Ruhelosigkeit und das Beherrschende durch Gedanken und Gefühle, Hoffnungen, Erwartungen und Ängste momenthaft zu überwinden. Das sehnsuchtsvolle kontemplative Schweigen durchbricht die Alltagsroutinen. In Achtsamkeit, Wachheit und im Nicht-Denken öffnet sich der Suchende der Fülle des Augenblicks, der immer schon alles enthält. Die Kontemplation gehört zum Weg der Mystik. Durch

sie und in ihr findet Begegnung mit dem Göttlichen statt, Infragestellung unseres Seins und dessen Neukomposition. Kontemplation ist innere Reinigung, um empfänglich für das Neue zu werden. Ursprünglich aus der christlichen Tradition stammend, findet der Begriff heute auch Anwendung für den traditionsfreien Übungsweg der inneren Stille und der inneren wort- und bildfreien Erfahrung.

Mystik
Mystik wird abgeleitet von dem griechischen mystikos, das mit geheimnisvoll übersetzt werden kann. Von Mystik sprechen wir hinsichtlich der religiösen Traditionen und religiösen Seinszugänge, die von der intensiven inneren Erfahrung und dem inneren Erleben des Menschen in Beziehung zum Göttlichen geprägt sind. Mystische Erfahrung übersteigt die rein verstandesmäßige Erkenntnis und das Alltagsbewusstsein. Und in ihr verschmelzen Intellekt, Intuition, Emotionalität und Wachheit/Offenheit. Der Mystiker spürt in seiner Existenz den Einbruch des Göttlichen, das alles berührt und verändert. Innere Leere, Dunkelheit, Zerstörung des Gewohnten und der alten Sicherheiten gehören zum mystischen Weg der Gottsuche ebenso wie eine Umwertung der Werte, tiefe Freude, höchste Gewissheit und eine Neuformung des Daseins von innen her. Mystische Bewegungen finden sich in allen Religionen, ja in der Mystik begegnen die Religionen ihrem gemeinsamen Ursprungsimpuls und ihrer letztendlichen inneren Identität. Mystikerinnen und Mystiker leben deshalb immer im Grenzbereich der Religionen, zu denen sie sich zugehörig fühlen, wenn sie nicht schon die Grenzen konventioneller Religion und entsprechende Selbstverständnisse längst überwunden haben.

Scholastik

Das Wort stammt von scholasticus = schulmäßig, zur Schule gehörig. Es ist eine umgreifende Bezeichnung für die einflussreichsten philosophisch/theologischen Lehren im Mittelalter, die sich etwa vom 8. bis ins 16. Jahrhundert erstrecken. Die Scholastik sah den Geist des Menschen als fähig, die Wahrheit zu erkennen. Sie bemühte sich um die Verständigung, ja Integration von philosophischer Vernunft und christlicher Offenbarung, indem sie das Vernunftmäßige als christlich und das Christliche als vernunftmäßig einstufte. Der Versuch, das Wissen und die Glaubensvorstellungen der Zeit umfassend zu systematisieren und mittels Logik und dialektischer Argumentation zu prüfen, war entscheidend von der griechischen Philosophie, insbesondere den aristotelischen Schriften, beeinflusst. Bekannte Vertreter der Scholastik waren Anselm von Canterbury (1033–1109), Petrus Abaelard (1079–1142), Albertus Magnus (1200–1280), Thomas von Aquin (1225–1274), Bonaventura (1217–1274), Wilhelm von Ockham (1280–1349).

Schöpfungsspiritualität

Der Begriff ist wesentlich mit dem ehemaligen amerikanischen Dominikanermönch Matthew Fox verbunden. Schöpfung wird hier gesehen als das Vorübergehende des Göttlichen in der Form des Seins. Sie ist allgegenwärtig, lebt und vollzieht sich im Jetzt. Sie ist im höchsten und tiefsten Sinne heilig. Sie umgibt uns als der Anfang und das Ende und das Wesen aller Dinge im gesamten Kosmos. Und sie lebt von Beziehungen und Bezügen, die alles miteinander in Verbindung sehen und halten. Schöpfungsspiritualität nimmt den Menschen mit seinem ganzen Sein mit hinein in die Geschichte und die Unendlichkeit des Universums. In ihr werden Trennungen und

Engführungen überwunden, tritt Integration und Ganzheitlichkeit an die Stelle von Grenzziehungen und durch Abgrenzung sich definierende Identitäten. Zur Schöpfungsspiritualität gehören der Weg der Ehrfurcht vor dem Sein, der Weg der Kontemplation, der Weg der Freisetzung unserer eigenen schöpferischen Kräfte und der Weg der Heilung und des Ringens um Gerechtigkeit. Aus dem christlichen Kulturraum stammend, befindet sich Schöpfungsspiritualität in großer Nähe zu vergleichbaren Sichtweisen und Bewegungen in anderen religiösen Traditionen und Kulturen.

Sufismus
Die islamische Mystik wird Sufismus genannt. Der Begriff leitet sich von sûf ab, einem schlichten Wollgewand, das die frühesten islamischen Asketen trugen. Der Sufismus erwuchs, eng an den Koran und den islamischen Glauben angelehnt, ab dem 8. Jahrhundert zu einer asketischen Frömmigkeit. Zu den ersten Pflichten eines Sufi gehören der ständige Bezug des Denkens auf Gott sowie die Vertiefung in religiöse Übungen. Das ganze Leben gilt als von Gott und der Liebe zu ihm durchdrungen. Das Selbst tritt dahinter zurück, ja es kann sich im Nichts des Sich-Verlierens an Gott vollständig auflösen. Zu den Mitteln, die dem Sufi zu intensiven mystischen Erfahrungen verhelfen, zählen Musik und Tanz. Zahlreiche Texte schildern die Erfahrung der göttlichen Einheit und des Stirb-und-Werde in dieser Erfahrung. Herausragend etwa ist die Poesie von Dschelaleddin Rumi (1207–1273). Seit dem 12. Jahrhundert gegründete Sufiorden haben die islamische Mystik zu einer weit verbreiteten Bewegung gemacht, die in der Gegenwart an Einfluss gewinnt und dem oft unerbittlichen Fundamentalismus das Gesicht der Liebe gegenüberstellt.

Tao (Dao)
Der aus dem chinesischen Kulturraum stammende Begriff kann mit »Weg« übersetzt werden. Gemeint ist der richtige Weg des Menschen in der Welt, das Handeln und Nichthandeln im Einklang mit der Natur. Hinter dieser Bedeutung steht die Vorstellung vom Tao als dem umfassenden und universalen Ordnungsprinzip des Seins, dem Absoluten und der Kraft des Lebens, aus der alles entstanden ist, selbst. So umfasst das Tao auch den himmlischen Bereich und das harmonische Zusammenspiel der kosmischen Kräfte. Die Grundsätze des Tao wurden von Laotse (4./5. Jahrhundert v.Chr.) im Tao-te-king formuliert. Es stellt die philosophische, geistige Grundlage des Taoismus dar, einer Religion, die, aus China kommend, auch Vietnam, Korea und Japan erreichte. Heute ist der Taoismus vor allem auf Taiwan vertreten.

Thomas-Evangelium
Bei den vier im Neuen Testament wiedergegebenen Evangelien handelt es sich um kanonisierte Texte. Diese haben sich in einer längeren Tradition als verbindlich herauskristallisiert. Daneben gibt es so genannte apokryphe, verborgene, geheime, nicht biblische Texte, die gleichfalls Jesus-Worte und Erzählungen über Jesus enthalten. Einer dieser Texte – und vielleicht der herausragende – ist das Evangelium des Thomas, das zu den Schriftrollen gehörte, die 1945 im ägyptischen Nag Hammadi aufgefunden wurden. Als Verfasser dieses Evangeliums gilt einer der zwölf Jünger Jesu, der Galiläer Didymos Thomas.

Kann man die Bergpredigt als Wegweisung des Menschen für sein Tun auf dieser Erde ansehen, so spricht das Thomas-Evangelium Anleitungen für den inneren Weg, die innere, seelische Entwicklung aus. Es formuliert esoterisch-religiöse Wertgehalte. Die 114 im Thomas-Evangelium aufgeführten Sprüche geben keine Glaubenslehren wieder, sondern Anleitungen zur Innenschau, zur Selbstfindung und zum Werden des (göttlichen) Selbst. Christus spielt hier keine Rolle als historische Gestalt. Vielmehr wird er als das ewige, zur Erleuchtung und zum Einswerden führende Wort gesehen.

Transzendenz
Im Wortsinn heißt Transzendenz »Überschreitung«. Gemeint ist das Überschreiten der diesseitigen Welt in Seinsbereiche, die mit unseren Sinnen nicht zugänglich sind. In den abrahamitischen Religionen Judentum, Christentum und Islam bezieht sich Transzendenz auf die Jenseitigkeit Gottes bzw. den, der die Welt und alles Endliche unendlich und unfassbar übersteigt. Diese Vorstellung der Transzendenz Gottes schließt allerdings seine Immanenz, sein Sein und Wirken in der Welt, nicht aus. Doch beschränkt sich dieses Sein und Wirken auf das, was Gott von sich selbst offenbart.

Mystische Strömungen in allen Weltreligionen sprechen von möglichen Transzendenzerfahrungen des Menschen durch innere Sammlung, meditative und kontemplative Techniken bzw. Schritte sowie plötzliche Gotteserfahrungen. Transzendenzerfahrung des Menschen kann bis zur Wahrnehmung des Einsseins führen, der innerlich empfundenen Wesensgleichheit und gegenseitigen Verbundenheit von Mensch – Mensch, Mensch – Umwelt, Mensch – Universum, Mensch – Gott.

Upanishaden
siehe Veda

Veda
Veda heißt »Wissen«. Als Veda bezeichnet wird die Samm-

lung der heiligen Schriften des Hinduismus. Sie umfasst Texte ab etwa 1500 v. Chr. und stellt damit die frühesten religiösen Dokumente der Hochreligionen dar. In den Hymnen des Rigveda (rig = Strophe) werden die Götter gepriesen und beschworen. Im Samaveda (saman = Lied) finden sich priesterliche Gesänge. Der Yajurveda (yajur = Spruch) enthält Opfersprüche und rituelle Anweisungen für die Opferpriester. Der Attarvaveda (attarva = Zauber) setzt sich aus Zaubertexten und Beschwörungsliedern zusammen, mit denen unter anderem Dämonen beschworen werden sollen. Priestertexte, Eremitenschriften und schließlich die Upanishaden runden den Veda ab. Die Upanishaden haben einen tiefen, wenn auch nicht in sich schlüssigen, philosophischen Gehalt. Das im Veda zum Ausdruck kommende Denken beruht auf der Vorstellung, dass dem Kosmos eine einzige Ordnung zu Grunde liegt. In ihr ist alles miteinander verbunden und fortwährend vom Chaos bedroht. Rituale dienen der Aufrechterhaltung der Weltordnung.

Literaturverzeichnis

Aitken, Robert: Ethik des Zen, München 1989

An, Ok-Sun: Compassion and Benevolence. A comparative Study of Classical Buddhist and Classical Confucian Ethics, New York u.a. 1998

Antes, Peter: Ethik und Politik im Islam, Stuttgart/Berlin/Köln/ Mainz 1982

Antes, Peter: »Ethik« im Islam, in: Carl Heinz Ratschow (Hg.), a.a.O., S. 177–225

Augier, Paul: Jesus, Stein des Anstoßes, Graz/Wien/Köln 1961

Aurelius Augustinus: Bekenntnisse, Zürich 1950

Bandyopadhyay, Jayanta K.: Mystik und Freude am Leben, Basel 1995

Barth, Karl: Der reiche Jüngling, München 1986

Bellinger, Gerhard J.: Knaurs Großer Religionsführer, München 1992/2

Bockmühl, Klaus: Christliche Lebensführung. Eine Ethik der zehn Gebote, Gießen/Basel 1999

Böckle, Franz: Zur Kompetenz des Gewissens, in: Bader, Dietmar (Hg.): Freiburger Akademiearbeiten, 1979–1989, München/Zürich 1989, S. 15–26

Breidenstein, Gerhard: Spiritualität und Ökologie, in: Connection Special, III/1997, S. 6 –11

Buber, Martin: Bilder von Gut und Böse, Heidelberg 1986

Buber, Martin: Reden über Erziehung, Heidelberg 1986

Buber, Martin: Gottesfinsternis, Gerlingen 1994

Bernhard von Clairvaux: Das Herz weit machen. Kontemplation und Weltverantwortung, Zürich/Düsseldorf 1997

Clark, Stephen R. L.: Gaia und die Formen des Lebens, in: Krebs, Angelika (Hg.), a.a.O., S.144–164

Copray, Norbert: Vom therapeutischen Potenzial der Spiritualität und seinen Gefährdungen, in: Weil, Alfred (Hg.), Brücken bauen ins nächste Jahrtausend, Berlin 1999, S. 204–230

Copray, Norbert: Im Namen der Ethik gegen die Moral. Zu Nietzsches Orientierung des freien Subjekts, Frankfurt/Main 2000, Manuskript, 9 Seiten

Dalai Lama: Logik der Liebe. Aus den Lehren des tibetischen Buddhismus für den Westen, München 1989

Ecker, Manfred: Evolution und Ethik. Der Begriff der Denknotwendigkeit von Albert Schweitzers Ethik der Ehrfurcht vor dem Leben, in: Günzler, Claus u.a. (Hg.), a.a.O., S. 51–81

Ess, Josef van: Islam, in: Brunner-Traut, Emma: Die fünf großen Weltreligionen, Freiburg/Basel/Wien 1974, S.67–84

The Ethics of Buddhism, Oxford 1926 (Reprint 1994)

Eurich, Claus: Die Kraft der Sehnsucht. Kontemplation und ökologisches Engagement, München 1996

Eurich, Claus: Die Kraft der Friedfertigkeit. Gewaltlos leben, München 2000

Fakhry, Majid: Ethical Theories in Islam, Leiden/New York/Köln 1994

Fassnacht, Dieter: Die Religionen Chinas. Weltreligionen. Geschichte – Quellen – Materialien, Frankfurt/Berlin/München 1983

Finsterbusch, Karin/Müller, Helmut A. (Hg.): Was aber bleibt. Hoffnung in den fünf Weltreligionen, Stuttgart 1997

Foucault, Michel: Die Ordnung der Dinge, Frankfurt/Main 1971

Fox, Matthew: Vision vom kosmischen Christus. Aufbruch ins dritte Jahrtausend, Stuttgart 1991

Fox, Matthew: Der große Segen, München 1991a

Fox, Matthew: Schöpfungsspiritualität. Heilung und Befreiung für die Erste Welt, Stuttgart 1993

Fox, Matthew: Freundschaft mit dem Leben. Die vier Pfade der Schöpfungsspiritualität, Frankfurt/Main 1998

Fraling, Bernhard: Vermittlung und Unmittelbarkeit. Beiträge zu einer existentialen Ethik, Freiburg (Schweiz) 1994

Frambach, Ludwig: Mystiker und Menschenfreund. Albert Schweitzers Ethik der »Ehrfurcht vor dem Leben« ist aktuell wie nie, in: Evangelische Kommentare 6/2000, S.36–38

Gandhi, Mahatma: Freiheit ohne Gewalt, Köln 1968

Gerlitz, Peter: Die Ethik des Buddha. Philosophische Grundlagen sittlicher Normen im Frühen Buddhismus, in: Ratschow, Carl Heinz (Hg.), a.a.O., S. 227–348

Ghasali, Al: Das Elixier der Glückseligkeit, München 1998 (1959)

Glasenapp, Helmut von: Der Hinduismus. Religion und Gesellschaft im heutigen Indien, München 1992

Golser, Karl (Hg.): Verantwortung für die Schöpfung in den Weltreligionen, Innsbruck/Wien 1992

Günzler, Claus u.a. (Hg.): Albert Schweitzer heute. Brennpunkte seines Denkens, Tübingen 1990

Habermas, Jürgen: Moralbewußtsein und kommunikatives Handeln, Frankfurt/Main 1983

Hauerwas, Stanley: Selig sind die Friedfertigen. Ein Entwurf christlicher Ethik, Neukirchen-Vluyn 1995

Hesse, Hermann: Siddharta, Frankfurt 2000 (1922)

Hetmann, Frederik: Die Erde ist unsere Mutter. Indianische Spiritualität und Religion, Freiburg/Basel/Wien 1998

Höffe, Otfried: Vernunft und Recht. Bausteine zu einem interkulturellen Rechtsdiskurs, Frankfurt/Main 1996

Hohn-Kemler, Ludger (Hg.): Jesus von Nazareth. Für wen sollen wir ihn halten?, Freiburg/Basel/Wien 1997

Honneth, Axel: Kampf um Anerkennung. Zur moralischen Grammatik sozialer Konflikte, Frankfurt/Main 1992

Horster, Detlef: Postchristliche Moral. Eine sozialphilosophische Begründung, Hamburg 1999

Iserlohner Aufruf zum Dialog über eine zukunftsfähige Ethik, in: Frankfurter Rundschau vom 29. Juni 2000, S. 9 (Dokumentation)

Johannes Cassian: Das Ruhegebet, München 1992

Jung, Carl Gustav: Von den Wurzeln des Bewußtseins. Studien über den Archetypus, Zürich 1954

Kandil, Fuad: Gott, Mensch, Kosmos: Versuch zur Explikation tragender Elemente einer islamischen Naturethik, in: Kessler, Hans (Hg.), a.a.O., S.102–120

Kessler, Hans (Hg.): Ökologisches Weltethos im Dialog der Kulturen, Darmstadt 1996

Kessler, Hans: Problemaufriss: Das Natur- und Selbstverhältnis der Moderne und das Problem eines ökologischen Weltethos, in: ders. (Hg.), a.a.O., S. 1–32

Khan, Vilayat Inayat: Sufismus. Der Weg zum Selbst. Stufen einer mystischen Meditation, Bern/München/Wien 1975

Kierkegaard, Sören: Auswahl aus dem Gesamtwerk, Wiesbaden 1964

Kluxen, Wolfgang: Philosophische Ethik bei Thomas von Aquin, Hamburg 1980 (1964)

Koßler, Matthias: Empirische Ethik und christliche Moral: Zur Differenz einer areligiösen und einer religiösen Grundlegung der Ethik am Beispiel der Gegenüberstellung Schopenhauers mit Augustinus, der Scholastik und Luther, Würzburg 1999

Krebs, Angelika (Hg.): Naturethik. Grundtexte der gegenwärtigen tier- und ökoethischen Diskussion, Frankfurt 1997

Kreß, Hartmut: Religiöse Ethik als Impuls kultureller Erneuerung, in: Brüllmann, Richard/Schützeichel, Harald (Hg.): Leben in der Kultur, Weinheim 1995, S. 9–33

Kruse, Ute: Zur Stellung der außermenschlichen Natur in der Ethik, Montreal 1999 (Magisterarbeit an der Universität zu Montreal)

Küng, Hans: Projekt Weltethos, München/Zürich 1990

Läpple, Alfred: Ketzer und Mystiker. Extremisten des Glaubens. Versuch einer Deutung, München 1988

Macy, Joanna: Zeit der »Großen Wende«, in: Connection Special, III 1997, S. 12–17

Mensching, Gustav: Leben und Legende der Religionsstifter, Augsburg 1990

Miller, Ronald S.: Handbuch der neuen Spiritualität, Bern u.a. 1994

Müller, Wunibald: Gönne Dich Dir selbst. Von der Kunst, sich gut zu sein, Münsterschwarzach 1995

Mynarek, Hubertus: Der Mensch. Sinnziel der Weltentwicklung, München/Paderborn/Wien 1967

Naess, Arne: Ecology, Community and Lifestyle. Outline of an Ecosophy, Cambridge 1989

Naess, Arne: Die tiefenökologische Bewegung. Einige philosophische Aspekte, in: Krebs, Angelika (Hg.), a.a.O., S. 182–210

Ngawang, Geshe Thubten: Genügsamkeit und Nichtverletzen. Natur und spirituelle Entwicklung im tibetischen Buddhismus, Freiburg/Basel/Wien 1995

Nietzsche, Friedrich: Also sprach Zarathustra. Ein Buch für alle und keinen, in: Das Hauptwerk, III. München 1990, S. 1–363

Nietzsche, Friedrich: Jenseits von Gut und Böse, in: Das Hauptwerk, III. München 1990, S.531–761
Noüy, Pierre Lecomte Du: Die Bestimmung des Menschen, Stuttgart 1956
Petsch, Hans-Joachim: Reflexion und Spiritualität, Würzburg 1993
Pfordten, Dietmar v. d.: Ökologische Ethik. Zur Rechtfertigung menschlichen Verhaltens gegenüber der Natur, Reinbek 1996
Pieper, Josef: Vom Sinn der Tapferkeit, Leipzig 1934
Pieper, Josef: Über die Hoffnung, Leipzig 1935
Radakrishnan, S.: Indische Philosophie, 2 Bände, Darmstadt 1955/1956
Rahner, Karl: Grundkurs des Glaubens. Einführung in den Begriff des Christentums, Freiburg/Basel/Wien 1984 (1976)
Ratschow, Carl Heinz (Hg.): Ethik der Religionen. Ein Handbuch. Primitive, Hinduismus, Buddhismus, Islam, Stuttgart/Berlin/Köln/Mainz 1980
Ratschow, Carl Heinz: Von der Frömmigkeit. Eine Studie über das Verhältnis von Religion und Sittlichkeit, in: ders. (Hg.), a.a.O., S. 11–77
Rawls, John: Eine Theorie der Gerechtigkeit, Frankfurt/Main 1975 (1971)
Rendtorff, Trutz: Ethik. Grundelemente, Methodologie und Konkretionen einer ethischen Theologie, 2 Bände, Stuttgart 1980 und 1981
Rendtorff, Trutz: Das Problem der Menschenführung, in: Petsch, Hans-Joachim (Hg.), a.a.O., S. 149–160
Rosenberg, Alfons: Experiment Christentum, München 1990 (1969)
Rübenacker, Andrea: Vom Umgang mit fremden Göttern. Die Religionen Asiens im Deutschen Fernsehen, Dortmund 1998 (Diplomarbeit)
Rübenacker, Andrea: Buddha boomt. Eine inhaltsanalytische Untersuchung der im deutschen Fernsehen gesendeten Beiträge zum Thema »Buddhismus in Deutschland« – unter besonderer Berücksichtigung einer stofflichen Buddhismus-Betrachtung, Dortmund 2000 (Dissertation)
Saddhatissa, H.: Buddhist Ethics. Essence of Buddhism, New York/London 1970

Sathya Sai Vereinigung (Hg): Texte für den Studienkreis, Bonn 1994

Scheler, Max: Philosophische Weltanschauung, München 1954

Schimmel, Annemarie: Der Islam. Eine Einführung, Stuttgart 1990

Schimmel, Annemarie: Die Zeichen Gottes. Die religiöse Welt des Islam, München 1995

Schmidt, K. O.: Das Thomas-Evangelium. Geheime Herren-Worte frühchristlicher Handschriften, Ergolding 1991/5

Schopenhauer, Arthur: Preisschrift über die Grundlagen der Moral, in: ders., Kleinere Schriften, 5 Bände, Band III, Zürich 1991, S. 459–632

Schüz, Matthias: »Ehrfurcht vor dem Leben« in der industriellen Welt, in: Günzler, Claus u.a. (Hg.), a.a.O., S. 125–153

Schwarze, Käthe: Gedanken 1999, Osnabrück 2000 (Eigenverlag)

Schwarzenau, Paul: Das nachchristliche Zeitalter. Elemente einer planetarischen Religion, Stuttgart 1993

Schweitzer, Albert: Aus meinem Leben und Denken, Hamburg 1980

Schweitzer, Albert: Was sollen wir tun? 12 Predigten über ethische Probleme, Heidelberg 1985 (Neuausgabe)

Schweizer, Albert: Albert Schweitzer Lesebuch, München 1995 (1984)

Sheldrake, Rupert: Das Gedächtnis der Natur, Bern/München/Wien 1994

Stachel, Günter: Gebet – Meditation – Schweigen. Schritte spiritueller Praxis, Freiburg/Basel/Wien 1993

Steffensky, Fulbert: Feier des Lebens. Spiritualität im Alltag, Stuttgart 1984 (Neuausgabe 2003)

Stockton, Eugene: Eine erd-gesinnte Spiritualität im heutigen Australien, in: Kessler, Hans (Hg.), a.a.O., S. 183–195

Tachibana, Shundo: Ethics of Buddhism, Richmond 1994 (1926)

Teilhard de Chardin, Pierre: Der göttliche Bereich, Olten/Freiburg 1962

Teutsch, Gotthard M.: Ehrfurchtsethik und Humanitätsidee, in: Günzler, Claus u.a. (Hg.), a.a.O., S. 101–109

Thich Nhat Hanh: Einssein. Vierzehn Tore zum Buddhismus, München 1991

Tritsch, Walter: Christliche Geisteswelt. Band II. Die Welt der Mystik, Hanau 1986
Upanishaden: Die Geheimlehre der Inder, München 1998 (1977)
Wilber, Ken: Halbzeit der Evolution, München 1984
Wilber, Ken: Eros, Kosmos, Logos. Eine Vision an der Schwelle zum nächsten Jahrtausend, Frankfurt 1996
Yogananda, Paramahansa: Die ewige Suche des Menschen. Schöpfung, Geist und Meditation, München/Wien 1995
Zahrnt, Heinz: Jesus aus Nazareth. Ein Leben, München 1989

Für Reaktionen auf diesen Text bin ich dankbar.
Claus Eurich, Lange Str. 90, 44137 Dortmund
claus.eurich@uni-dortmund.de

Bibliografische Information Der Deutschen Bibliothek
Die Deutsche Bibliothek verzeichnet diese Publikation in der Deutschen Nationalbibliografie; detaillierte bibliografische Daten sind im Internet über http://dnb.ddb.de abrufbar.

1 2 3 4 5 07 06 05 04 03

Ein Unternehmen der Verlagsgruppe Dornier
Postfach 80 06 69, 70506 Stuttgart, Tel: 0711/788030
Sie erreichen uns rund um die Uhr unter www.kreuzverlag.de
Umschlaggestaltung: Bergmoser + Höller Agentur, Aachen
Umschlagfoto: Frédéric Cirou, PhotoAlto
Satz: de·te·pe, Aalen
Druck und Bindung: Clausen & Bosse, Leck

ISBN 3 7831 2326 7